労働貴族

深笛義也

THE LABOR ARISTOCRACY

鹿砦社

労働貴族

深笛義也著

鹿砦社

はじめに

二〇一三（平成二十五）年一月、安倍晋三首相は経済三団体に対して賃上げを要請。少なくない企業がこれに応えて、給与やボーナスを上げた。

かつては、労働組合が要求し、会社との交渉の上で勝ち取るのが、賃上げであった。会社に要求を呑ませるために、団結して職務から離れるストライキも頻繁に行われた。賃上げ交渉が行われる春闘では、決まって鉄道が停まるという時代もあった。

賃上げを、今や首相が要請し企業が応える――。

労働組合の存在はますます、霞んでいる。もうすでに、労組は見えない存在になっている。労組のない企業に勤める人々にとっては、過去の遺物だ。労組のある企業に勤める人々にとっては、組合費が給料から天引きされていることが、かろうじて労組の存在を頭の隅に留めているくらいだろう。

何もしていないところ、というのが、世間で思われている労組のイメージか。

そんなことはない。実際に取材を進めて、それが分かった。会社から不当に解雇されてしまった――そんな時こそ、頼りになるのは労組だ、と思う。だが、違うのだ。あなたは社員ではない、だから組合員でもない、解雇は不当ではない。労組はそう言って、突き放す。これは実際に東芝労組であった例で、本書に詳細に記した。

着替えの時間を就業時間にカウントしてほしいなど、職場環境のちょっとした改善を、労組に相談する。会社は間違っていない――労組から返ってくるのはそんな答えだ。個人で加入できる外部の労組に加盟して会社と団体交渉しようとすると、既存の組合が壁になってできない。

労働運動をさせないために労働組合はある、というパラドックスが、現実となっている。

まったく異なる業界の労組の取材で、同じような言葉を聞いた。かつてのソビエト連邦や今の北朝鮮と同じ、というのだ。労働組合の委員になるには、選挙があるのだが、当選者はあらかじめ決まっている。それは会社の管理職が決めるのだ。率先して組合活動をしようと立候補する者には、ありとあらゆる妨害がなされる。

そうした労使協調の労働組合を束ねるナショナルセン

ター、「連合」（日本労働組合総連合会）が、一九八九（平成元）年に結成された。それ以降さらに、労使協調は労使同体と言っていいほどに強固になってきている。

サービス残業など過酷な労働環境にも目をつむる、労働組合。優秀で熱心な人材が、そんな中で、過労死や病に追い込まれている。そうした状況を批判しようと、ビラでも撒こうものなら、会社の管理職と労組役員が一緒になって回収して回る。

労働組合の存在によって、日本にあるはずの民主主義が、会社の構内に一歩足を踏み入れたとたんに、なくなってしまう。労組は何もしていないどころか、見えない巨大な病巣である。これが日本の主だった企業や公共団体に巣くっているのだから、労組のない企業で働く人々にも無縁な話ではない。

労組の上層部にいるのが、労働貴族だ。

労働貴族という言葉は、一九世紀にすでにエンゲルスが用いている。日本でも戦前からアナキストの立場から、この言葉が使われた。

戦後、労働貴族として名を馳せたのは、二〇一三年二月一日に亡くなった、塩路一郎だ。日産自動車労組を経て、一九六二（昭和三十七）年に自動車労連会長となった塩路は、アメリカの経済雑誌『フォーチュン』に、ヨットの上で若い女性と並んでいる写真を載せられた。東京・品川区に七LDKの自宅を所有、プレジデントとフェアレディZを乗り回し、「労組の指導者が銀座で飲み、ヨットで遊んで何が悪いか」と権勢を誇った。

労使協調路線を築いて労働貴族に成り上がった塩路だったが、英国への工場進出に反対するなど経営方針にまで口出しするようになり、追われるようにその地位から去った。

会社に逆らったら、塩路のようになる。それは現代の労働貴族たちには、痛い教訓だろう。会社の方針には従僕のように従い、もはや華やかな暮らしぶりをひけらかすこともない。

だが、大労組の専従役員となれば、年収は一千万円を超える。給与とは別に接待費も使える。銀座で飲むのはごく当たり前のことだ。安い車に乗っていると折衝の時などに軽く見られるので、高級車に乗るのは必然。他組合の幹部との交流のために、ゴルフをするのは当然のたしなみだ。目立つことはしないが、層としての労働貴族が今、存在する。

会社や公共団体当局に寄り添う彼らは、末端の組合員には冷淡だ。当然のことながら、組合員ではない非正規の社員や職員、下請けには、さらに冷酷だ。連合では、かけ声だけは非正規労働者の組織化を唱えているが、現場ではまったく実態は逆だ。組合員である正規社員・職員の労働環境を守るためには、非正規にしわ寄せが行き、使い捨てにされるのにも見て見ぬふりである。

非正規労働者を、人間ではなく部品扱いしているのに手を貸しているのが、労働貴族たち。格差社会で苦しむフリーターたちにとっても、労働貴族は見過ごせない存在だ。

国会議員や地方議員になっていく、労働貴族も多い。電力会社の労組出身なら原発推進で動き、自動車会社の労組出身ならなら自動車業界のために働く。それぞれがまた連携しあって、結局は企業のために働いている。決して、労働者のためには働こうとしない。

連合は今、与党である自民党、公明党との連携を深めようとしている。「賃上げ」という旗を振ってくれる政府に、労働貴族がなびいていくのは、ごく自然なことだろう。政府、財界と労働貴族たちが、より強固に結びつくことによって、非正規の労働者たちはますます置いてきぼりにされ、格差は広がっていく。

そんな中で、希望もある。労働貴族が操る労使同体の御用組合が支配する職場の中で、労働者の立場にたって発言する人々、新たな労働組合の結成を成し遂げた人々もいる。まだまだ小さな動きだが、新たな社会を切り開いていく原動力を、そこに見て取ることができる。彼らの前に立ちふさがるのが、やはり労働貴族たちであり、その闘いは容易ではない。彼らの地道な活動も本書には記した。

労働貴族とは、何か？　人間が人間であることを取り戻していくために、見据えるべき存在だ。労働組合は、決して過去の遺物ではないことを、本書を通じて知っていただきたい。

労働貴族

目次

日本最大労組「連合」は、企業のために働く労働貴族集団

「四年間の総括を見る限り、これでは民主党の再生は難しい」

民主党政権誕生時に首相になった鳩山由紀夫は、二〇一三（平成二十五）年二月二十五日、離党に際してそう発言した。

「政権交代」に夢を託して民主党に投票した人々は、増税をはじめとした四年間の失政に裏切られた。海江田万里新代表は、「靴底減らし運動」で信頼を回復する、と言っているが、民主党再生の兆しは見えない。

民主党政権誕生に大きな役割を果たしたのが、「連合」（日本労働組合総連合会）である。本書の別項で述べている、電力総連、電機連合、自治労、自動車総連など、五三単産を束ね、組合員数は六七五万人に上る、日本最大の労働組合のナショナルセンター（全国中央組織）が連合だ。

二〇〇九（平成二十一）年九月十六日に成立した鳩山内閣の、十八人の閣僚のうち七人が、連合の組合内議員だった。民主党誕生への連合の貢献に対する、論功行賞であろう。連合は、一八〇万以上の集票力を持ち、各単産が政治献金やパーティ券の購入などで、資金的にも民主党を支えてきた。

日本には、連合の他に二つのナショナルセンターがある。

一つは、「全労連」（全国労働組合総連合）だ。「政党からの独立」を掲げているが、日本共産党の影響下にある。連合の結成に反発してできたものだ。

もう一つは、「全労協」（全国労働組合連絡協議会）だ。

連合にも、全労連にも行けない、と考える労組が集まった。電通労組、国労、都労連などが加盟している。

三つのナショナルセンターの、ウェブサイトを開いてみよう。全労連には、「東日本大震災・原発なくせ！」の大きな文字がある。全労協にも、「『脱原発社会』の実現に全力をあげよう！」「大飯原発即時停止！」などが、春闘スローガンとして掲げられている。

連合のウェブサイトには、「原発」の文字は見あたらない。被災地に関する記事を開いてみると、連合福島の今泉事務局長の言葉があるが、除染については語られているが、「原発」の文字はない。

まるで、福島第一原発の事故など、なかったかのごとくである。言うまでもなく、除染は、福島第一原発がまき散らした放射性物質への対処だが、文章を読んでいると、まるで放射能の拡散までもが、自然災害の一部であるかのようだ。

二〇〇五（平成十七）年十月六日、連合第九回定期大会で採択された、「連合行動指針」の目的と意義では、「今後の『労働運動のあり方、理念の再構築』として、『高い〝志〟、不公正や不条理なものへの対抗力、それを正すための具体的運動と闘う姿勢』を挙げている」と、記されている。

七条ある、連合行動指針の内容は次のとおりだ。

第一条　私たちは、「連合の進路」のめざす社会の実現に向け、労働運動の担い手として求められる高い志と倫理を堅持し、行動する。

第二条　私たちは、組合員の視点に立った運動を展開するとともに、全ての勤労者・市民に共感される運動をめざす。

第三条　私たちは、法令や社会的ルール、自らの規約・規則に基づき、民主的な意思決定、適正な会計・財政運営、近代的な事務局運営、信頼される事業活動など、透明・公正な組織運営を行う。

第四条　私たちは、企業や使用者による不正や不公正を見逃すことなく、その社会的責任を全うさせる運動を推進する。

第五条　私たちは、人権を尊重し、人種・性別・身体的特徴・年齢・思想信条・門地等による差別を行わず、またそれを許さない。

第六条　私たちは、組合員や社会に対する積極的な情報公開を推進するとともに、個人情報の保護に努める。

第七条　私たちは、社会の一員であることを自覚し、地域および国際社会において、平和・人権・福祉・環境・教育・安全など、広範な社会貢献活動に取り組む。

特に注目すべきは、第四条にある、「企業や使用者による不正や不公正を見逃すことなく」の文言であろう。

二〇〇二（平成十四）年、福島第一・第二、柏崎刈羽原発を点検したゼネラル・エレクトリック社の技術者による、内部告発がきっかけになり、東電は八〇年代後半から九〇年代まで二十九件ものデータ改竄を行っていたことが明らかになっている。

津波によって原発は事故に至るであろう、ということは、以前から多くの識者から指摘されていた。〇七（平成十九）年七月二十四日、東電の当時の勝俣恒久社長に、要望書を提出したのは、日本共産党福島委員会、県議団、市民団体である。そこには、次のように記されている。

「福島原発はチリ級津波が発生した際には機器冷却海水の取水ができなくなることが、すでに明らかになっている。これは原子炉が停止されても炉心に蓄積された核分裂生成物質による崩壊熱を除去する必要があり、この機器冷却系が働かなければ最悪の場合、冷却材喪失による過酷事故に至る危険がある。そのため私たちは、その対策を講じるように求めてきたが、東電はこれを拒否してきた」

このとおりのことが、福島第一原発では起きたのだ。一～四号機で起きたのは水素爆発であると言われているが、アメリカの原子力技術者、アーニー・ガンダーセン氏の指摘によれば、三号機は即発臨界爆発、すなわち緩やかな核爆発を起こしたという。

また、アメリカ合衆国原子力規制委員会は、福島第一の一から五号機と同じ沸騰水型「マーク１」で、事故のシミュレーションを行った。五時間の停電で燃料が露出、五時間半で水素発生、六時間でメルトダウン開始、八時間半で格納容器損壊という結果だった。当然のことながら、この結果は原発を抱える電力会社に伝えられていたはずだ。

福島原発事故は、予測された事故に対して対策を怠っていたものである。事故当時の勝俣恒久会長、清水正孝社長は、業務上の過失責任に問われるべき〈不正〉を行ったのだ。

二人を含む東電幹部、原子力安全委員会の幹部ら三十三人を、福島の被災者を中心とする全国の一万三千人が、業務上過失致死傷などの容疑で、告訴・告発状を福島地検に提出している。「トモダチ作戦」に派遣された米原子力空母「ロナルド・レーガン」の乗組員一一五名も、東京電力を相手に九四億円の損害賠償訴訟をカリフォルニア州サンディエゴの連邦地裁に起こした。

二〇一三年三月の時点で、検察当局はすでに、勝俣、清水らへの任意の事情聴取を行ったようだ。立件は難しいという声もあるが、適正に捜査を行ってほしい。

過失や被害の大きさから考えて、勝俣、清水らは、本来であれば逮捕拘留されて取り調べを受けてしかるべきだ。だが、勝俣は日本原子力発電に、清水は富士石油に天下りして、安穏とした生活を享受している。

ひるがえって見るに、連合は何をやっているのだろうか？　東京電力という企業が、不正や不公正を行っていることは、満天下に明らかであるのに。

連合の傘下には、電力総連（全国電力関連産業労働組合総連合）があり、東電労組（東京電力労働組合）は、その中心的存在だ。

東電労組は、連合行動指針の第四条に従って、会社の不正を正すべきではないのか。

だが、電力総連の内田厚事務局長は、「事故原因が分かっていないのに、原子力発電を見直すべきかどうかの議論はできない」「原子力発電は、議会制民主主義において国会で決めた国民の選択。もし国民が原子力発電を望んでいないのなら、社民党や共産党が伸びるはずだ」と、福島原発事故後も原発推進の姿勢を変えないことを表明している。

東電労組の新井行夫・中央執行委員長はどう言っているか。

「（東電に）不法行為はない。国の認可をきちっと受け、現場の組合員はこれを守っていれば安全と思ってやってきた」

会社の不正を正そうという気はないようだ。

血流のように組合は原発容認に染められた

上に立つ連合が、電力総連や東電労組に、連合行動指針に従って行動するように直言するべきではないか。

だが、それはできない。電力総連は、連合の中核組織だからだ。

元連合大阪副会長の要宏輝《かなめひろあき》氏は語る。

「連合の政策制度要求の決定システムは、国連の安保理と同じ。有力組合が『拒否権発動』すれば、『原発廃止』どころか『脱原発』すら決定できない」

二〇〇六（平成十八）年から〇七（平成十九）年にかけて、当時訪問介護最大手だったコムスンで介護報酬不正請求が発覚した時には、連合傘下のＵＩゼンセン同盟（現ＵＡゼンセン同盟）が、コムスンで働く介護労働者の加盟する組合として、談話を発表した。

要宏輝氏

「企業のコンプライアンスを監視できなかったことに重大な責任を感じている。この事実を真摯に受け止め、クラフトユニオン型ＣＳＲ体制を早急に構築する」

ＣＳＲとは「企業の社会的責任」のことだ。企業の法令遵守をチェックしていくということも含めた社会的貢献も労働組合の役割であると認識したうえでの談話だ。

〇四（平成十六）年にも、ＵＩゼンセン同盟副会長が日本歯科医師会から接待を受けていたことが発覚したこともあり、ＵＩゼンセン同盟は謹慎して、連合の役員から身を引いた。

電力総連や東電労組には、そのような姿勢は微塵もない。今も、連合の副会長には、東電労組出身で電力総連会長の種岡成一が名を連ね、事務局長や副事務局長、中央執行委員に電力総連は入っている。

電力総連や、それぞれ原発を抱える電力会社の組合には、会社の不正を正すという考えはない。

むしろ会社の別働隊となって、原発推進の考えを浸透させてきたのだ。電力総連は、組合内からも国会議員や地方議員を送り出し、あるいは原発賛成の候補を推薦・応援してきた。それらの議員たちが所属するのは、民主党である。

民主党には、脱原発の考えの議員もいる。自治労の項に書いたが、そのような議員を応援しようとする組合員には、役員からさまざまな圧力が加えられる。自治労もやはり、国会議員や地方議員を送り出している。選挙の際には、電力総連との協力が必要だ。そもそも自治労や日教組は、原発には慎重な立場だった。協力の必要から、しだいに原発容認に傾いていったのだ。

　議員になると、同僚議員を原発見学ツアーに連れて行く。費用を負担するのは、電力会社だ。そうやって原発に対して定見を持たない議員を、容認・推進に変えていくのだ。

「労労接待による原発ツアーもあった」と、要宏輝氏は語る。

　行き先は、敦賀原発と高速増殖炉「もんじゅ」であった。

「質問は自由にできた。地震が来ても大丈夫かと聞くと、ちゃんと設計済みと答える」

　一九八八（昭和六十三）年には、伊方原発から八〇〇メートル先に、米海兵隊ヘリが墜落するという事故も起こっている。

「ジェット機が墜落したらどうなるか、と質問したら、それまでにこやかに答弁してくれていた『もんじゅ』の説明者が、『あんた何しに来た』と顔色を変え、その質問には答えなかった。帰りのバスの中で『要さん、気を悪くしないでください、もんじゅの連中は公務員なので礼儀知らずなのです』と、一緒についてきた関西電力の組合役員が謝った」と要氏。

　電力総連は心臓のようになって、連合の中に血流のように、原発推進の考えを行き渡らせようと、ありとあらゆる策をめぐらせてきたのだ。

労使協調の同盟に呑み込まれた総評

　実は、原発容認よりも大きな転換を、連合は行っている。九三（平成五）年五月二十日、中央執行委員会で、それまで掲げていた自衛隊違憲論を返上、「自衛隊を安全保障基本法で位置づける」「合憲・違憲の議論は打ち切る」と取り決められた。唯一反対したのが、ＪＲ総連の委員だったが、数の力で押し切られた。

　これだけの大きな路線変換を、組合員大会ではなく中執で行っていることは、常軌を逸している。

　九四年に、自民党、社会党、新党さきがけの連立政権が成立。首相となった社会党・村山富市委員長は、それまでの党是を投げ棄てて、自衛隊は合憲とした。連合の転換はそれよりも前だったのだ。

総評系の全国金属（現ＪＡＭ）のオルグであった要氏は、「全体は部分の総和より大きい」という思いで、連合への統一に賛成した。労働者の経済的、職業的同質性が団結の基礎。政治的・イデオロギー的なものは異質。同質と異質が「ごった煮」になっているのが労働組合だ、という考え方だ。

それを、「悔いが残る」と要氏はふり返る。

連合は、一つの政治的な方向に向かっていってしまった。

連合は、同盟（全日本労働総同盟）、総評（日本労働組合総評議会）、新産別（全国産業別労働組合連合）、中立労連（中立労働組合連絡会議）が合流して、一九八九（平成元）年十一月二十一日に結成された。

中軸となったのが、同盟と総評だ。

同盟の政策は、「労使協調」「全国民の中産階級化」「左右の全体主義に反対する」であり、最初から自衛隊や原発を容認していた。

総評は、ＧＨＱ（連合国軍最高司令官総司令部）の保護育成の下、一九五〇（昭和二十五）年の結成時には反共産党色が強かった。だが、翌年の第二回大会で、（一）全面講和、（二）中立堅持、（三）軍事基地反対、（四）再軍備反対の、平和四原則を採択。アメリカ軍の試射場に反対する内灘闘争にも力を注ぎ、「ニワトリがアヒルになった」と、ＧＨＱ労働組合担当者を嘆かせた。

五三（昭和二十八）年には、資本主義体制の変革を目標とする路線を明確にし、社会党支持を運動方針に明記した。地域ぐるみの闘争と長期化するストライキで、「昔陸軍、今総評」という言葉さえ生まれた。

六〇年安保闘争、ベトナム反戦闘争でも、総評は大規模な統一ストライキを行った。内部で民主化同盟の活動もあり、労使協調の流れもあったが、七五（昭和五十）年のスト権奪還ストでは、八日間にわたってほとんどすべての国鉄が停まるなど、総評には「闘う労働組合」のイメージがあった。

さまざまな要因があったであろうが、総評の力を大きく削いだのは、八七（昭和六十二）年にＪＲとして発足することになる、国鉄分割民営化であろう。赤字解消などの名目もあったが、組合解体が最大の目的であった。

要宏輝著『正義の労働運動ふたたび』（アットワークス）に、そのことは記されている。

二〇〇五（平成十七）年十一月二十日、ＮＨＫ「日曜討論」で国鉄分割民営化をふり返って、当時の首相、中曽根康弘が語っている。

「国鉄労働組合っていうのは総評の中心だから、いずれこれを崩壊させなきゃいかんと。それで総理大臣になった時に、今度は国鉄の民営化ということを真剣にやった。みなさんのおかげでこれができた。で、国鉄の民営化ができたら、いちばん反対していた国鉄労働組合は崩壊したんですよ。で、国鉄労働組合は総評の中核体にあった。それが崩壊したもんだから、総評が崩壊した」

民営化の目的が労働組合の破壊にあったのだとしたら、これは不当労働行為に当たる。二〇〇六（平成十八）年十一月十六日、国労組合員ら五人と四組合が、中曽根康弘元首相を被申立人として、大阪府労働委員会に救済申し立てをした。

国労は、崩壊したのではない。新会社となったＪＲは、分割民営化に反対した国労組合員を採用しない方針を採ったために、社内に存在できなくなってしまったのだ。

この方式が有効ならば、会社の方針に組合が反対した場合、会社を解散したうえで新会社を立ち上げれば、組合の構成員を雇わないということで、事実上の解雇に追い込むことができる。これでは、労働組合に言論の自由はないことになる。

だが〇七（平成十九）年七月、大阪府労働委員会は申立を却下した。

かくして闘いの旗は降ろされた

国鉄には、機関士を中心にした動労（国鉄動力車労働組合）もあり、やはり総評傘下であった。「鬼の動労」と呼ばれるほど強固な組合であったが、国鉄分割民営化にあたっては、組合員の雇用を絶対に守るという方針から労使協調路線に転換、分割民営化反対を唱えていた総評を脱退している。

ＪＲ発足の前年、一九八六（昭和六十一）年七月九日、動労の松崎明委員長は、結成当初から労使協調で同盟傘下の鉄労（鉄道労働組合）全国大会に招かれて、次のような挨拶を行った。

「私は、いうまでもなく階級闘争を真面目に進めてまいりました。私らの理念は階級闘争の理念でありました。そして、現実をいかに改革するか、組合員・家族の利益をいかに守るか、この切実な問題よりも、ある意味でイデオロギーを先行させて精一杯闘ってきた歴史を持っております。私はその時にも精一杯でありました。しかし今、必要な国鉄改革とは、そこに働く労働者とその家族の利益が完全に保証されるものでなければならないのだと、そう思うのであります。その意味で、鉄労のみなさん方が選択してきたこれまでの道筋に則って、私たちはその経験に学びながら一生懸命がんばりたい、そう思っているわけであります」

会場からは、「鉄労解体はどうした！」というヤジが飛んだ。この直前までずっと、「鉄労解体」が動労の方針の一つだった。

動労と鉄労が合体する形で、ＪＲ総連（全日本鉄道労働組合総連合会）となった。その後、主導権争いによって、鉄労系は脱退してＪＲ連合（日本鉄道労働組合連合会）を結成した。

ＪＲ総連は、自衛隊違憲を唱えるなど、連合の中では最左派となっている。脱原発も掲げている。それでも、労使協調路線は明確だ。

結果を見ると、連合は、同盟が総評を呑み込んだ形であり、労使協調が貫かれている。

日教組は闘っているではないか、と見る方々もいるかもしれない。

二〇一三年三月、府立高校の卒業式で国歌斉唱の際、職務命令に従わず起立しなかったとして、大阪府教委は、男性教諭八人を戒告、女性教諭一人を減給の処分にした。

二〇一二年の処分者は、三十二人。特に、府立和泉高校（岸和田市）では、君が代を歌っているかどうかの「口元チェック」まで行われて話題になった。

大阪での、君が代斉唱での不起立は、教育合同（大阪教育合同労働組合）という少数組合を中心に取り組まれている。

確かにかつて、日教組は、「日の丸」の掲揚に反対し、「君が代」の斉唱は行わないと主張していた。だが、一九九九（平成十一）年に「国旗及び国歌に関する法律」が施行され、二〇一一年には、国旗へ向かって起立し、国歌を斉唱するよう指示した校長の職務命令が、「思想・良心の自由」を保障した憲法十九条には違反しない、という判断を最高裁は下した。

この動きの中で日教組は、「日の丸」「君が代」について、口をつぐむようになった。

輿石東、神本美恵子、那谷屋正義、斎藤嘉隆など、日教組出身の国会議員も多いが、あれほど世間を騒がせた大阪での「日の丸」「君が代」問題に関してひと言の言及もない。国会でも問題にしていない。ちなみに輿石は、山梨県教組の出身であるが、山梨県の国旗掲揚・国歌斉唱の実施率は、昭和の時代から、ほぼ一〇〇パーセントであった。

日教組の組合員では、「日の丸」「君が代」に関連して九回もの処分を受けた、根津公子さんという教員が東京にはいる。『希望は生徒』（影書房）という著作もあり、彼女の行動は信念に基づくものだろう。周囲には彼女を応援する組合員仲間もいるが、日教組本部はノータッチ、東京都教育委員会の処分に批判もしていない。

いつから日教組は、「日の丸」「君が代」反対を取り下げたのだろうか。はっきりとした声明などはない。いつの間にか、フェードアウトしているのだ。

これには、民主党が政権についたということも、大きく影響しているだろう。

二〇一〇（平成二十二）年、北海道教組日高支部では、『『日の丸君が代』強制に反対するとりくみについて」という闘争マニュアルを配布していたが、これが国会で取り上げられた。川端達夫文部科学大臣は「学習指導要領から国旗国歌を大事にと指導しており、北海道教育委員会と連携して指導する」と述べた。

川端達夫は、東レ労働組合滋賀支部長を勤めたのをはじめとする、組合活動家だ。連合内で最大のUIゼンセン同盟の組織内候補として、国会議員になっていた。

連合内の組合は、国会を通じても影響を与え、右へならえ、で労使協調を強めていったのだ。

政府の審議会で連合は何をやっているか

連合のような労使協調の労働組合は、かねてから政府も企業も期待していたものだ。

自民党政権だった頃から、政府は連合を厚遇し、政府審議会委員に選んでいる。

厚生労働省の中央労働委員会の現在の名簿を見てみると、連合をはじめとして、UAゼンセン同盟、電力総連、電機連合、自治労、NHK関連労組、日本都市交通労組、JAMなどの幹部が委員に名を連ねている。

中央労働委員会の業務とは、何か？ 労働争議の調整、不当労働行為事件の審査、労働組合の資格審査である。

最近の審議を見ると、「不当労働行為ではない」などとして、会社側に有利な結果に終わっている例が多い。

特に目についたのは、パナソニックを相手に、滋賀青年ユニオンが団体交渉を求めた件である。「青年ユニオン」は、アルバイト、パート、派遣、フリーター、一般職が加盟できる組合だ。

派遣労働者として働いていた二名が、パナソニックに直接雇用されるよう、滋賀青年ユニオンが団体交渉を求めたが、パナソニックはこれを拒否した。

滋賀県労働委員会は、二名が派遣法上の派遣可能期間を超えて働いていたことを認め、パナソニックが団体交渉に応じることを命じ、直接雇用することを推奨した。

これを不服としたパナソニックが、中央労働委員会に再審査を申し立てたものだ。二名を直接雇用していたのではないから、パナソニックは使用者に当たらず、団体交渉に応じる義務はない、というのが結論。会社に軍配を挙げたのだ。

御用組合の面目躍如、といったところか。パナソニック労組は、労働者委員に入っている電機連合傘下の組合である。

連合は、正社員と非正規労働者との「労労対立」を作ってはいけない、と言葉では言っている。だが実際には、非正規労働者を切って捨てる役割を果たしているのだ。

審議会は、他にもまだまだある。労働政策審議会には、連合、ＵＡゼンセン、自動車総連、基幹労連、電機連合、情報労連、ＪＡＭなどの幹部が委員に並んでいる。

他にも、中央労働基準審議会、中央家内労働審議会、労働者災害補償保険審議会、中央最低賃金審議会、中小企業退職金共済審議会、社会保障審議会、勤労者財産形成審議会、女性少年問題審議会、障害者雇用審議会、中央職業能力開発審議会、中央職業安定審議会、社会保障審議会など、おびただしい数の審議会があり、連合や連合傘下の組合役員が委員になっている。

審議会とは、「議会制民主主義を補完する国民参加機関」というのが建前だが、連合が労働者代表の顔をして参加することによって、体制寄り、企業寄りの結論が導かれている。

会社の不正を暴かれて労働組合が抗議

「労働組合は今、何もやってない」というのが世間一般の目。だが、そんなことはない。経営陣のできない分野で、労働組合は企業のために立ち働いているのだ。私たちの見えないところで。

要宏輝氏も、それを身をもって経験した一人だ。連合大阪の専従副会長などを歴任した要氏は、二〇〇六（平成十八）年当時、六〇歳定年後の嘱託として連合大阪で労働相談員を務めていた。

季刊誌『労働経済情報』（畑中労働経済研究所）に、「究極のコストパフォーマンス『雇用のない経営』」という論文で要氏は、社会問題化しつつあった「偽装請負」の問題を書いた。

偽装請負とは何か？ 整理しておこう。

通常、「請負」とは、仕事の完成を請け負うものであって、発注者は仕事の完成に関して対価を支払う。具体的には、服飾からコンピュータソフト、建築物などさまざまな製品の作製、公演や演奏、弁護人などの仕事も含まれる。

請け負った「事業主」は、発注者からの指揮監督下に入らず、独立して仕事を完成させる。労働者ではないので、労働関係の法律の適用はない。

現場で指揮監督を受けて働くにもかかわらず、労働者ではなく、個人事業主とするのが、偽装請負だ。労働者ではない、とされるので、労働法上の保護は受けないことになる。

要氏の論文で詳しく述べられているが、労働者でないとなると、法定福利費としての社会保険料（人件費の一割相当分）を、会社は負担する必要がなくなる。

そして、企業にとって最も重要なメリットは、雇用関係にないために、生産調整などで人員が過剰になった時に、いつでもカットできる、ということだ。もともと雇用していないのだから、「解雇」にはならない。

当時、松下電器、東芝、日立製作所、キヤノン、ニコン、富士重工、トヨタ、いすゞ自動車、今治造船、コマツといった企業が、偽装請負を展開していた。

人物によって差はあるが、江戸時代の昔から日本の企業家には、事業を作り出して多くの人々の生活を立ちゆくようにする、という社会に対する責任感が、多少なりともあったはずだ。

人間を部品のように見なし、いつでもカットできるからといって、「労働者」を「事業主」と偽るなど、あってはならないモラルハザードだ。労働組合としては、真っ先に取り組まなければならない問題だろう。

要氏の論文では、パナソニック（当時は松下電器）プラズマディスプレイ株式会社の問題が詳述されている。同社では、請負会社に全面委託すれば品質を維持できないという理由で、自社社員が請負労働者を直接指揮命令できる「偽装請負」を行っていた。

これが、大阪労働局の知るところとなり、職業安定法違反、労働者派遣法違反だとして、行政指導が行われた。するとパナソニックプラズマディスプレイは、二〇〇名の社員を請負会社に出向させた。請負会社の社員として請負労働者を指揮するという「ウルトラC」で法違反回避を図ったのだ。二〇〇名もの大量の社員の出向は、通常、組合との合意抜きになしえない。

出向した請負会社は、あまりに多くの偽装請負で話題になり、「闇夜のカラス」「異形の帝国」とまで形容された、クリスタルグループであった。

そうした内容を記述した、「究極のコストパフォーマンス『雇用のない経営』」を目にして激怒したのが、パナソニック（当時は松下電器）労組の役員である。上部団体の電機連合大阪地方協議会（中世古幸治議長・パナソニック）を通じて、論文への抗議を連合大阪（伊東文生会長・パナソニック）にしてきたのだ。電機連合大阪の議長は、二度にわたって要氏を呼び出し、責任追及した。パナソニック労組役員によるデキレースだ。

抗議内容は、三点だ。

一つ目は、連合大阪の役職員名を使って、加盟労組が属する企業を批判するのは許せない。

二つ目は、請負会社への大量出向は、労働局の指導で行ったものである。

三つ目は、パナソニック労組や電機連合に事情聴取せずに論文を発表した。

だが、二つ目の請負会社への大量出向という指導については、労働局は否定している。

労働者が不当に扱われているのを知ったなら、たとえそれが組合員ではなくとも、会社と交渉して改善に乗り出すのが、本来の労働組合の役割である。

だがむしろ、ここが、御用組合の本領発揮の局面なのだ。

もしこれが、企業としてパナソニックが連合大阪に抗議したらどうなるか。企業の不正を暴いた労働運動家の論文に、企業が圧力をかけた、ということで社会問題になりメディアも注目。不正はより深く掘り下げられただろう。労組が労組に抗議する、という形なら、問題の拡散を防げる。

要氏に断りなく、連合大阪は事務局長の名で、電機連合大阪地方協議会議長宛に、謝罪文を提出した。

この問題を経て、連合大阪に「内規」が出来た。論文の発表、講演、メディアからの取材などは、上司に許可を得る、となったのだ。講演ならレジュメや資料を、上司が確かめる。日本国憲法第二十一条で禁止している、検閲を行おう、というのである。

「今どき、こんな治安維持法みたいなもんつくってどうするつもりや。世間に笑われるぜ」

要氏は、上司である後輩の坂貴之副事務局長（当時）に質した。

「連合の常識がわからん人がおるから、つくったんです」

それが、答えだった。

非正規労働者を守る言論に敵対した連合

常識的に考えて、労働組合上部団体に事前検閲が生まれるとは、あまりにも摩訶不思議だが、これは逆に、労働組合の現実を露わにしている。さまざまに取材していると、労働組合があるために会社に対する不満、批判が言えない、ということがあまりにも多い。憲法で保障されている言論の自由が、会社に一歩足を踏み入れたら、なくなるのだ。

坂副事務局長は、関西電力労組の出身であった。電力総連の項で詳しく述べるが、関西電力労組の大きな役割は、組合員が原発に疑問を持たないように、教育、監督することだ。そんな環境で育ってくれば、言論チェックが常識となるだろう。

二〇〇七（平成十九）年、要氏が『正義の労働運動ふたたび』を出版する際に、「内規」が持ち出された。

連合大阪とは無関係に上梓する本だが、同僚の労働相談員たちが、連合でも協力してくれるだろう、と連合大阪に出版のことを知らせた。

連合大阪の脇本ちよみ事務局長（当時、日教組大阪教組）から「ゲラを出せ」という要求があった。その後、要氏は会議室に呼び出されたが、机の上に置かれたゲラには、いたるところに朱が入れられていた。

「連合の関係企業名すべてを仮名にせよ」ということで、松下電器はM、トヨタはT……、といったぐあいになっている。

連合の関係企業名、というのだから、他のナショナルセンターの関係企業なら実名でいいということになる。まるで笑い話だが、事務局長は真剣である。

「従わないのだったら、調査委員会を開いて統制処分をかける』「労働委員会の委員も、相談員も辞めてもらう」などと恫喝した。

修正をすべて拒否、企業名も実名で、『正義の労働運動ふたたび』は〇七年十月に出版された。

十二月に、脇本ちよみ事務局長は要氏に、「通達」と題する書面を交付した。

「連合大阪事務局枠の大阪府労働委員については、第三十八期の任期満了にあたる二〇〇八年二月末で終了することとする」と事務局長名で書かれていた。

「大阪府労働委員会労働者委員」を「大阪府労働委員」と誤記するなど、無知をさらけ出した文面だ。

労働者委員は労働組合の推薦に基づいて府知事が任命するものであって、連合大阪にそれを終了させる権限はない。連合大阪として要氏を推薦しない、という意味なのだろうが、「終了することとする」という文面には、まるで権力者のような驕りが、にじみ出ている。

要氏は、大阪府労委の労働者委員十一人のうち、三期六年を務めるベテラン。毎年十五件以上の事件を担当していた。他の連合系の委員を見ると、〇件という者も少なくない。あって数件だ。不当労働行為事件で意見陳述や意見書提出を行うのは、連合系十人の委員の中では要氏一人であった。

連合大阪が推薦しないということで、全国金属機械労働組合港合同をはじめとして、複数の有力労組が、要氏の労働者委員再任を強く希望し、府知事に推薦の手続きを執った。だがこれを連合大阪は妨害し、要氏の再任はかなわなかったのだ。

これらの論文発表や出版への不当な干渉、労働者委員への就任への妨害に関して、二〇〇九（平成二十一）年一月、要氏は、連合大阪に慰謝料五〇〇万円を求める訴訟を大阪地裁に起こした。

ひとえに、「連合よ、正しく強かれ」という想いからだ。もちろん、慰謝料そのものが目的ではない。民事の本訴にしなければ、会長や事務局長らの証人調べができないので、そのような形をとった。

二〇一〇（平成二十二）年八月、連合大阪が折れる形で異例の、「裁判所の所見」を添付した条件内容で裁判所で和解した。

連合は、大企業の正社員、官庁の正規職員の砦と見られている。それに対して、『正義の労働運動ふたたび』では、偽装請負をはじめとして、派遣労働者、非正規労働者、外国人労働者、ホームレスなど、底辺の労働者の現状を拾い上げ、論理的にまとめ上げている。

要氏と連合大阪の間に勃発したバトルは、今の連合のあり方をあからさまに映し出している。

『正義の労働運動ふたたび』は、二〇〇八年度労働ペンクラブ賞を受賞し、日本労働弁護団、大阪労働者弁護団、連合大阪法曹団から推薦を受けている。

リーマン・ショック後、派遣切りが横行し、製造業の派遣労働を禁止すべきではないか、という議論が起きた。これに対して、連合傘下の電機連合は、二〇〇九（平成二十一）年一月、「製造業派遣を禁止すべきだという論議があるが、性急な結論は出すべきではない」と委員長が発言して、派遣禁止に反対する姿勢を明確にした。

二〇一二（平成二十四）年十月より、労働者派遣法改正法が施行された。派遣会社のマージン率が公開されるようになる、というわずかな改善はあるが、問題となっていた製造業派遣や登録型派遣は禁止されていない。

正社員と派遣社員との賃金との均等に配慮すべし、正社員への登用を進めるべし、という項目はあるが、会社に義務づけるものでもなく、まったくのザル法だ。派遣の問題に取り組んだというアリバイを示すだけの改正と言って過言ではない。


連合による言論統制は、さまざまな形で起こっている。二〇一二年の大阪のメーデーで、産別ＪＡＭが「橋下市長は組合攻撃をやめろ！」と書かれたアドバルーンを上げようとした。そこに連合大阪の会長、事務局長が「橋下批判はやめて、他の文言に変えて」と泣きついてきたのだ。会長の川口清一は、関西電力労組、電力総連である。大阪市は関電の最大株主。まだこの時期、橋下徹市長は大飯原発の再稼働に反対していた。六月一日に、「正直、負けたと言われても仕方がない」と言って、再稼働を容認したが、それまであらゆるルートから、橋下籠絡が行われていたのであろう。会社と一体となった関西電力労組幹部としては、この時期に橋下市長を刺激したくなかった、ということか。

大飯原発再稼働に関して、連合大阪も関電労組も、なんら意思表明はしていない。だがこの時期、「大飯原発再稼働問題で政府に慎重な判断を求める署名」に名を連ねた民主党議員に対して、関電労組は「署名を撤回するように」と求め「さもなくば次の選挙は推薦しない」と脅していたことが、六月十二日の院内集会で明らかにされている。

ストもなく貯まる組合費は何に使われる？

こうして見てくると、連合のような路線を「労使協調」と呼ぶのは、生ぬるいという感さえ抱く。使い捨てではなく当たり前の人間として扱ってほしい、という非正規労働者の叫びに対して、正社員としての既得権益を守るために、労使一体となって防波堤になっているのが、現状ではないか。

総務省・統計局が二〇一二年十～十二月に行った調査では、パート・アルバイト、派遣、契約社員・嘱託などの非正規労働者は、全雇用者の三五・六パーセントに及ぶ。

もちろん、非正規と比べて高い給与、福利厚生などでいい待遇を受けている正社員だとしても、一般の組合員を責めるのは酷だろう。大企業では労使でユニオンショップ協定を結んでいることが多く、社員になると同時に組合員になる。組合費は、給与から天引きされている。

安倍政権が成立して、総理が「賃上げ」を提言し、いくつもの企業がそれに応じる、ということが現実になった。

労働組合はなんのためにあるのか？　と一般の組合員は思うだろう。

連合自らが二〇〇八（平成二十）年に傘下の組合に実施した調査によれば、組合費の月額の平均は、四九一七円である。年にすれば、五万九千円ほどだ。

全トヨタ労働組合連合会の組合員は、約三二万六千人。平均額で計算しても、組合には年一九二億三千万ほどが集まることになる。パナソニック労組の組合員は約十七五〇〇人。同様に計算すると、六三億四千万ほどだ。

これが何に使われているのか？　よく話題になるのが、ストライキ資金である。スト期間中の組合員の生活を補償するためのものだ。

今、労働組合がストライキをするという話は聞かない。ピーク時の一九七四（昭和四十九）年には五一九七件、参加人員三六二万二八三人のストライキがあったが、二〇〇九（平成二十一）年のデータでは四十八件、参加人員三六二九人のストしかなかった。

連合による二〇〇八年の調査では、約八割の組合にスト資金の積立制度がある。

トヨタは今、海外の工場でストライキに見舞われているが、かねてから労使協調の国内のトヨタの労組は、何十年もストライキを行っていない。使われずに積み立て

ユニトピアささやま

られているスト資金は、莫大な金額になっているはずだ。年一パーセント程度の安全な運用でも、数億の利益を生み出していることになる。

パナソニック労組は、兵庫県中部の丹波篠山に、「ユニトピアささやま」という巨大レジャーランドを所有している。リゾートホテルを中心に、プール、テニスコート、フィールドアスレチック、バーベキューハウスなどが広大な敷地に広がる。総工費は三十億とも四十億とも言われている。組合員のための慰安施設でもあるが、積み上がる組合費を運用しようと、一般からの利用と収益も見込んでいた。結果的には、収益は思わしくない。

その他の資金がどう使われているかと言えば、連合本体、NTT労組、電機連合、電力総連、自動車労連、JR連合、全トヨタ労連、日教組、自治労などが民主党の

連合のメーデー

パーティ券を大量に購入していたことが明らかになっている。ＮＴＴ労組、全トヨタ労連、電力総連、ＪＲ連合、パナソニック労組などの関連政治団体は、民主党の議員に政治献金も行っている。組合内から議員を送り出すことにも熱心で、その選挙運動資金にも使われている。

連合は、票と金の両面で、民主党を支えていたのだ。これは特に違法ではないが、考えてみればおかしなことではないか。ユニオンショップ協定で、入社すれば自動的に組合員になり、組合費は給料から天引きされる。その金が、特定政党の支援に使われるのだ。

そして、組合の資金の約三割が、人件費だ。東電、関電、東芝、日立、トヨタ、パナソニック、ＪＰ、ＮＴＴ、新日鉄などの大手企業の幹部役員になれば、年収は一千万円から二千五〇〇万円を超えることもある。かつて塩路天皇と呼ばれ、「労働貴族」という言葉を世に広めた、日産圏の労組を糾合した自動車労連の会長であった塩路一郎は、「労組の指導者が銀座で遊んで何が悪い」と息巻いたが、そんなことはもはや、当たり前になった。連合大阪の会長は、一〇〇万円までの接待交際費は領収書がいらない。副事務局長までにタクシーチケットが渡される。クラブで飲んで、ゴルフをたしなむのが、大手労組の幹部である、というのは連合では常識だ。

労働貴族で昇り詰めて「上がり」は、なんと言っても連合の会長になることだ。初代会長の山岸章は、勲一等瑞宝章。二代目、芦田甚之助は、旭日大綬章。三代目、笹森清はやはり、旭日大綬章を受賞している。国から、功績を認められたわけだ。

労働貴族の出世コース、第二の人生としては、国会議員、地方議員、全労済理事長、労金理事長、日本勤労者住宅協会理事長、労働会館理事長、あるいは会社の役員になる、という道もある。稀ではあるが、社長になった例もある。

辛酸をなめる非正規労働者たちをないがしろにして、労働貴族たちにはバラ色の人生が広がっているのだ。

電力総連に強いられて「原発推進」に鞍替えした、「自治労」

「公務出張中のゴルフを禁止した」

これが、自らを律する改革の一つだと言われたら、経営者の懇談会の話でもあろうか？　と思うだろう。違うのだ。これは「自治労」（全日本自治団体労働組合）の改革の話なのだ。

「遅刻しない」

これも、中学生のクラブ活動の話ではなく、自治労での改革の一つだ。

以上のことは、『自治労再生への挑戦』（ウェイツ）に書かれている。二〇〇二（平成十四）年から翌年まで自治労委員長であった、北岡勝征氏の話をまとめた本である。

二〇〇一年、裏金問題、不正経理、脱税、ヤミ専従などが、相次いで発覚し、自治労は「不祥事のデパート」と呼ばれた。

当時、銀座のクラブで「自治労だ」と聞くと、ホステスたちが群がってきたという。自治労の本部役員が、一晩で使う金は一晩で十万以上。飲んだ翌日は、昼頃に市ヶ谷の本部に出ればいい。ホステスを愛人にしていた役員もいた。

自治労は、県庁、市役所など地方自治体職員、病院職員、競馬など公営競技の従事者など公共サービス労働者の組合。傘下の労組は二七〇〇に上る。約八八万七〇〇〇人の組合員を抱え、単位産別労組としてはUAゼンセン同盟に次ぐ二番目の規模となっている。

それぞれの支払う組合費から、本部に集まるのが年間百億円ほど。そのうち十億円が、役員の遊興に使われていた。それを可能にしていたのが、十六もあった裏口座だ。

不祥事が明らかになって、自治労は二〇〇二年の臨時大会で「再生プログラム」を決定した。臨時大会で委員長に選出されたのが、北岡氏であった。

その北岡氏が口にする改革が、ゴルフ禁止、遅刻しない、なのだから、改革が進むわけがない。その後も、社会保険庁での年金記録の消失をはじめとして、自治労幹部による「こくみん共済」の給付金、掛け金の詐取などが起きている。

ちなみに、社会保険庁が日本年金機構へと改組される時、勤務実態が著しく不良である者は、「分限免職」という名で、失職することになった。これを回避するようにと、当時政権にあった民主党執行部に要請したのが、自治労である。

北岡氏は『自治労再生への挑戦』の中で、ジャーナリストの田原総一朗氏と対談している。「労働組合というのは日本でいちばん保守じゃないか」と喝破する田原氏に対して、北岡氏には明快な答えがない。

だが労働組合が保守だとしたら、自治労はその三歩後くらいから引きずられて歩いている存在だ。

同書から、北岡氏の言葉を引用しよう。

「民間の労働組合は、自分の業界の政策をものすごく大事にする。たとえば、自動車総連は自らの産業政策、電力労連はエネルギー政策をもち、それに従って活動している。たとえば賃金要求にしてみても、最近は将来に備えて考えると、グローバル化のなかで競争に勝っていくためには賃金要求をすべきではないとまで言っている」

労使協調の民間の労働組合は、経営者と一緒になって政策を考えているが、自治労にはそれがない、というわけだ。

自治労が、他の労働組合に引きずられた最も顕著な例が、原子力発電に対する態度だろう。

連合が結成される以前は、自治労は原発に反対であった。ところが連合の中で、他の組合に押されて原発反対は口に出せなくなった。

二〇一二（平成二十四）年の衆院選で議席を失った仙谷由人は、「巨悪を断つ」というスローガンで議席を得た自治労の組織内議員だった。しかし、民主党が政権を取ると「陰の総理」と呼ばれる権力者として、利権がらみで大飯原発再稼働や原発輸出へとやっきとなった。

自治労が原発について、口をつぐむようになったのは、二〇〇〇（平成十二）年頃からだ。その経緯について、自治労から連合に出向していた高橋公氏が、著作『兵どもが夢の先』（ウェイツ）で書いている。

連合では、一九九八（平成十）年より「連合エコライフ」運動が始まり、今に至るまで続いている。「働くことを軸とする安心社会を実現するためには、その基盤となる地球環境の保全に取り組む必要性がある」として、植林活動や清掃ボランティアなどを行っている。

連合の中に、環境委員会を立ち上げたのが高橋氏だ。二〇〇〇年の会議で、電力総連の環境委員から、原発の推進を明記すべき、との意見が出た。CO_2を出さないから原発は環境に優しい、という主張だ。

「従来から原子力発電については、現状維持ということで、推進とは書けない」と高橋氏が言うと、「お前はなんだ」とその委員は怒鳴って出て行ってしまった。高橋氏はその後、電力総連本部に釈明に行く羽目になり、本人には居留守を使われたという。

原発推進議員への応援を強制した自治労

自治労で「脱原発」が言えなくなっていく過程を、身をもって体験したのが、二〇一一（平成二十三）年まで、自治労広島県職員連合労働組合の支部執行委員だった佐藤周一氏である。

佐藤氏は、脱原発を掲げる、さまざまな市民運動に関わってきた。佐藤氏が組合に入った二〇〇〇年は、自治労は脱原発が方針だった。それが揺れ始めたのが、民主党が政権を得る可能性が見えてきた〇七（平成十九）～〇八年頃からだった。

二〇〇九（平成二十一）年秋、組合を代表して佐藤氏が、東京でのエネルギー転換政策集会に行った時のことだ。組合幹部から、「脱原発とは言わず、エネルギー政策の転換と主張するように」と念を押された。自治労広島は、中国電力の労働組合を傘下におく電力総連と、同じ連合内にあって協力関係にある。

電力総連は、明確に原発推進を掲げている。自治労から出馬している民主党議員も、電力総連から票をもらっている。だから、「脱原発」は口に出せない、というわけだ。

二〇〇三年には、衆議院選で広島一区の民主党候補、柿沼正明氏が、佐藤氏のウェブサイトにリンクを張っていた。「反原発の佐藤のところにリンクを張るとは何事

佐藤周一氏

だ」と、中国電力労組が、柿沼氏の事務所に圧力をかけた。柿沼氏は、リンクを外すことはしなかった。結局、電力総連の票が対立候補に流れて、落選してしまった。柿沼氏は二〇〇九（平成二十一）年、群馬で立候補して当選し、党内では脱原発派として活躍した。二〇一二年の衆院選で惜しくも議席を失った。

一方、電力総連の全面的なバックアップを受けてきた議員はどうか。柳田稔議員は、一九九〇（平成二）年に旧広島三区から衆院で初当選、一九九八年から参議院議員に鞍替えしたが、一貫して広島を地盤としている。現在は、民主党幹事長代理だ。

柳田と言えば、法務大臣だった二〇一〇年一一月、広島市での国政報告会で「法務大臣とはいいですね。二つ覚えときゃいいんですから。個別の事案についてはお答えを差し控えますと、これがいいんです。分からなかったらこれを言う。で、後は法と証拠に基づいて適切にやっております。この二つなんです。まあ、何回使ったことか」と発言して、問題になった人物だ。

柳田は、中国地方の国会議員や地方議員らで構成される「未来の環境・エネルギー政策を考える会」の会長を務めている。この会は、電力総連の役員と議員たちという組み合わせで、中国地方の稼働中の原発や立地予定地などの視察に行っている。

二〇一〇年八月一日には、中国電力が上関町長島で進める、上関原発計画の建設予定地を視察している。国会議員が柳田氏を含め三名、地方議員が四名。中国電力労組の役員から説明を受けた。

立地予定地の上関町四代田ノ浦の対岸に位置する祝島から、漁船約四〇隻で約一五〇名の漁民が駆けつけ、「上関原発絶対反対」などの横断幕を張った。

視察後の柳田のコメントは次のとおりだ。

「中国地方は化石燃料を燃やして電力を供給している比率が高い。そのためにも原発を推進しなくてはならない。地元推進団体から早期建設を求める嘆願書を受けたし、今回の視察を持ち帰って党や政府に訴えていきたい」

原発を推進するという明確な目的を持った広報団体と見受けられるが、「未来の環境・エネルギー政策を考える会」のサイトはウェブ上に見つけることができない。

柳田の事務所に問い合わせてみると、会報も一度も発行されたことがない、とのことだ。市民からの信託を受けた議員が活動をしているのだから、これはきわめて不思議なことだ。

柳田のウェブサイトを見ていくと、「郷土広島への思い」という文字とともに、原爆ドームの写真が掲げられている。「被爆地である広島から、全世界に向けて核兵器廃絶、恒久平和を訴えていきます」とあるが、原発には賛成らしい。

この「未来の環境・エネルギー政策を考える会」事務局長だったのが、広島三区から出馬し、二〇〇九年から二〇一二年まで衆院議員だった橋本博明氏である。

福島原発後の二〇一一年七月三十日、橋本氏は、他三名の国会議員、地方議員を引き連れ、島根原子力発電所の視察に行き、中国電力労組の役員から説明を受けている。

橋本氏は、自身のウェブサイトに報告を書いている。高さ一五メートルの防波堤の建設工事が進んでいること、緊急用の発電機を高台に新設しているなどを見て、原発の再稼働が必要と感じた、とある。

橋本氏は、広島大学大学院を修了した理学修士である。原発から生み出される、処理のしようのない使用済み核燃料が、未来にどのような影響を与えるのか、とは考えないのだろうか。もっとも、原発マネーにたぶらかされて、東電の社外監査役になり原発推進の旗を振る、工学部出身の元東大総長もいるくらいだから、そんなことは聞くだけ野暮かもしれないが。

二〇一一年十月、中国新聞のアンケートに橋本氏は、福島原発事故後も原発への考えは「変わらない」と答え、原発は建設を進め、稼働させるべき、輸出もすべき、としている。

柳田や橋本氏などを推薦、応援してきたのが、自治労広島なのである。

二〇一〇年七月の参院選でも、自治労広島は、柳田を推薦した。彼の原発推進ぶりを知っている佐藤周一氏は、とうてい応援などできない、と考えた。同じく民主党候補である、中川けい氏を応援することにした。

仕事をしていると職場に、自治労広島県本部副委員長（後に連合広島事務局長）から電話がかかってきた。

「なんで、あんなやつを応援するんだ」という恫喝であった。

「中川さんだって、民主党の公認でしょう。私は、組合と党活動は分けています」

佐藤氏は、冷静に反論した。政治活動と労働運動は本来、それぞれ独立しているべきである。

その後、本部副委員長から再び電話があったが、中川氏の選挙状況をうかがう内容であった。

利権で行政に横車を押す自治労推薦議員

電力総連の自治労への圧力は、原発推進の候補者推薦を押しつけてくるに留まらない。

佐藤氏が、介護保険の書類審査に関する業務に従事していた時のことだ。中国電力労組出身の金口巌県議が、自分の先輩県議（引退）が経営する介護施設について、佐藤氏や同僚に対して「手心を加えてくれ」と言ってきたのだ。

お年寄りの命を預かる施設について、勤務体制、人員不足、設備などを、法令をもとに厳正にチェックするのは行政の責務だ。それを甘くしてくれ、というわけだ。

佐藤氏と同僚は圧力に屈せず、適正に該当書類を処理した。

「自民党議員から、そんな圧力を受けたことはない。一番腐っている議員だと思った」と佐藤氏は嘆く。

自治労を支持母体とする、渡壁正徳県議会議員も、利権がらみで圧力をかけてきた。佐藤氏が職業訓練校の運営に関わっていた、二〇〇〇（平成十二）年から〇一年の頃だ。

「部品調達で、この会社が入っていないのは不公平じゃないか」と言ってきたのだ。

その会社から買え、とまで露骨には言わないが、たいていの自治労組合員は、関係に配慮して従ってしまう。だが、職業訓練校で使われる部品は、さまざまな基準を元にして業者を選定している。税金を使って、危ない部品は購入できない。当然のことながら、佐藤氏は圧力に屈しなかった。

渡壁議員は、一九七九（昭和五十四）年の初当選以来、八期連続当選している。組合の組織票で、らくらく当選できるのだ。厚生委員会、総務委員会の委員長、議運（議事運営）理事などを務め、現在は、連合広島組織内議員懇談会代表世話人だ。

二〇一一年春の統一地方選挙への向けた組合の取り組みが始まった頃のことだ。自治労広島は、県会議員に、民主党の梶川ゆきこ氏を推薦した。

梶川ゆきこ氏（現在の名前は、沖本ゆきこ）は、ミニスカートの女性は政治意識が低い、などの問題発言が多かった議員だ。

ツイッターでの彼女の問題発言は、次のとおり。

「中筋駅前で朝のご挨拶。ミニスカート姿で出勤する女性達を眺め、某先進国のようにミニスカート禁止条例ができたら…少し政治に興味をもって貰えるのか」

それに続いて、「非正規雇用の女性はカジュアルな服装」と書いている。非正規雇用の女性は政治意識が低い、と言いたいように受け取れる。

セクハラ問題では、ブログで次のように書いている。

「家でカアちゃんに優しくされない欲求不満な男の憂さ晴らし…これはセクハラ被害者から事実関係の背景の話として現場の声を相談のときに実際に受けています」

「会社外、風俗とか夜の繁華街で欲求を解消すればいいじゃないか…とセクハラ被害者が思うことが悪いことでしょうか？」

セクハラを家庭の問題に起因させたり、性的欲求は商業サービスで解消すればいい、という主張自体、とても問題の本質を突いた意見とは言えない。

しかも、自分がセクハラ被害者の代弁者かのように振る舞って発言している。

自分の発言がネット上で批判に晒されると、次のような発言に繋がった。

「自分が受け入れられないと他人を批判して引きずり降ろす困った人々には、『アスペルガー障害』の人も含まれています」

「三〇歳を過ぎた大人の発達障害は社会の中では野放しです」

「保守系男性議員が毛嫌いするフェミニストは、実は、フェミニストではなく発達障害の特質に苛立っているのではないかとさえ、私は感じることがあります」

障害者を差別し、フェミニストを侮蔑する内容であることは、解説するまでもないだろう。

佐藤周一氏は、梶川ゆきこ氏を応援することはとてもできない、と考えた。佐藤氏は仲間とともに、別の候補を立てて選挙に臨もうと考えた。

ところがそれを知った組合役員たちは、組合事務所で佐藤氏を取り囲んだ。

「組合推薦以外の候補を出すことは、組合に敵対する行為だ。組合を辞めてもらわなければいけない」と役員の一人が言った。

「労働運動と政治活動は別でしょう?」

佐藤氏の反論に対して、組合役員が答える。

「そんなことを言っても、君にとっていいことにならないよ。今辞めたほうがいい。もう脱退届は持ってきている」

役員は佐藤氏の前に、脱退届の用紙を差し出した。なんだそりゃ。組合とはその程度のものか。そんならこっちからお断りだ。そう考えた佐藤氏は、脱退届にサインした。

そして翌日、佐藤氏は、所属していた厚生環境事務所の上司から呼ばれた。当局と組合は一体なのである。佐藤氏が組合を脱退したことは、上司の耳にも入っていた。

「組合を辞めた以上、攻撃がくるだろう。攻撃を受ける前に退職したほうがいいよ」

上司は退職を勧めてきたのだ。かくして、二〇一一年一月三十一日、佐藤氏は広島県庁を退職した。

独自に政治の道を模索し始めた佐藤氏を、同年末頃、橋本博明議員の熱心な支持者の一人が、「参議院選挙に(民主党以外から)出るなら、ヤクザを使って邪魔してやる」「月夜ばかりではないぞ」「きれいごとでは選挙は通らない」と脅した。

自治労推薦議員の関係者から「ヤクザ」の言葉が出てくることには、失笑を禁じ得ない。かつて自治労は「ヤクザ」の脅しに屈して、七千万円の口止め料を支払ったことが、〇一(平成十三)年に東京地検が自治労中央本部に強制捜査に入った際に明らかになっている。自治労の不正を証拠立てる資料を、「ヤクザ」に握られたからである。

佐藤氏は二〇一二年、「緑の党」結成に加わり、政治活動を始めている。

非正規職員に声をかけない労働貴族たち

自治労というのは、いったい何なのだろうか? ニュースで時に報じられる「給食のおばちゃん」「公営バス運転手」など公務員の高過ぎる給与、それを守っているのが自治労、というイメージがある。

冒頭に紹介した、高橋公著『兵どもが夢の先』に戻って、関連する部分を引用してみよう。

「かつて清掃は民間事業者がやっていた。その後は自治体の仕事になったが、それも臨時職員が行っていた。ところが都市化がすすみ、ごみの種類が増え、量も膨大になる中で、個人の家で焼却するだけでは対応できなくなり、やがて都市の自治体から順に直営事業となっていった。それによってごみが適正に処理されるようになっていったのだ」

「こうした歴史は学校給食も同じで、学校給食が始められた当初はＰＴＡ雇用による職員によって運営されていた。そこで、粘り強い自治労の取り組みがあってはじめて自治労の直営になった。しかし、身分は臨時職員のままだった。その後『学校給食は教育の一環』として、直営化で行われるべきという直営化闘争が取り組まれ、やがて地方公務員化されたのである」

現業労働者が公務員である意義は、これで理解することができる。行政に対して、自治労は一定の役割を果たしていた、と見ることができるだろう。

いわゆる「土光臨調」と呼ばれる、行財政改革が始まる一九八〇年代までの話だ。それ以降は、各自治体で「行政のスリム化」が唱えられ、業務が民間に委託されたり、非正規の職員も増えてきた。

そうして今、どうなったのか？　自治労広島を見てみよう。

「組合役員は、非正規職員に声をかけない」と佐藤氏は言う。

自治労広島県職労では、二〇〇九（平成二十一）年に非常勤職員労組が立ち上げられている。

佐藤氏が非常勤職員に声をかけると、「え、組合って、非常勤職員でも入れたんですね!?」という驚きの声が返ってきた。

だが逆にその非常勤職員は、「佐藤とつきあうな」と組合役員から叱られることになった。

自治労広島での非常勤職員労組の取り組みはどうなっているのか？　ウェブでのぞいてみた。自治労本部のサイトからリンクを辿っていくと、「自治労広島県本部まんが集団」というサイトに行き着く。

「まんがで反核・平和を『笑い』で訴えています(^^)反核・平和の為に共にガンバロ〜o(^o^)o」とある。

もちろん、その発想は悪くない。だが残念なことに、イラストが一枚あるだけでマンガは全くない。写真とともに安倍総理の批判や原発事故の問題が語られている。

だが肝心のこちらが知りたいこと、非常勤職員労組のことはおろか、自治労広島がどんな活動をしているのか、まるで知ることができない。

自治労広島に電話をして聞いてみると、「非正規の労働者たちが自ら組合を結成するなら、そのサポートをする」という、きわめて消極的な姿勢であることが分かった。

非正規の職員は、職場で正規職員と同じように責任を持ち働いている。十年以上も非正規の身分で働いている職員も少なくない。それなのに、正規と非正規の賃金の格差は大きい。その差を埋めようとすれば、正規職員の給与をカットするしかない。

非常勤職員労組の立ち上げは、非正規の問題にも取り組んでいる、というポーズのため。自治労は、本気で彼らの組織化などは考えていないのではないか。

「（正規職員の自治労組合員の中には）偏差値の高い大学に入り、難しい公務員採用試験に合格してきているのだから、いい思いをするのは当然、という貴族意識がある。若い時に勉強しないで遊んでいた人たちと、なぜ自分たちが同じに扱われなければならないのか、同一労働同賃金などとんでもない、という思いがある」と佐藤氏は語る。

広島県庁では人事異動の際に、「自分がどういう仕事をしたいか」「どういう研修を受けたいか」本人に希望を諮るシステムがある。だが組合は「余計なことを書くな」と言う。希望を叶えられる者と、そうでない者とで、労働者階級が分断されてしまうから、というのが理由だという。だが正規と非正規との分断には、見て見ぬふりなのだから、笑止千万だ。

本人が自分に向いていると思う部署で能力を発揮してもらおう、という趣旨で、県当局が用意している希望調査というシステムも、組合によって空洞化しているのだ。

湯崎英彦知事が導入した職員提案制度にも、組合は反対している。湯崎知事は経産省出身で民間企業を経営していたこともあり、ユニークな施策を打ち出している。自身が「育児休暇」を取ったことでも話題になった。民間の成果主義を県政にも反映させようと、県庁の管理職には、定期昇給を廃止し年俸制を適用している。これは全国初である。

知事の改革への意気込みも、自治労の壁に阻まれて、一般職員には及ばない。組合によって職員は物言わぬ集団とされてしまっている。今や改革を行うのは「お上《かみ》」であり、労働組合は保守だ、という、冒頭に紹介した田原総一朗氏の言葉どおりだ。

ここに、民間企業の労働組合とは異なる、自治労特有の問題がある。会社の業績が上がらなければ、自分たちの給与も上がらない、という論理で、労使協調となっているのが、大企業の御用組合だ。だが自治労では、行政のスリム化やサービスの向上を目指して、メスを入れようとする首長と、既得権益を守ろうとする組合との間で対立が起こることが、しばしばあるわけだ。

バードウォッチングが仕事の天下り先

地方公務員の昇進は、競争試験で行うことが原則とされている。だが、試験を実施している自治体は少ない。筆記試験で昇進が決まる制度だと、仕事そのものより試験勉強に集中する職員が出てきて不公平だ、という声に押されてのことだ。

「ペーパー試験で不公平が生じるのは、本だけ読んで記憶を詰め込めば解ける問題を出題するからだ。きちんと仕事していた人が解ける問題にすれば、むしろ公平になる」と佐藤氏は語る。

結局は、県会議員や市会議員に取り入った者が出世していく、という構図になっている。そのような風潮があるために、職員に異動希望先を書かれるのは困るのだ。

こうした風潮は、全国共通のようだ。議員は職員の採用にも力を持つ。ベテランの議員ほど人事課に影響力を持ち、自身の持つ採用枠も大きい。口利きの謝礼の相場は、三〇〇万円ほどと言われている。

また、組合から嫌われている職員は出世できない。労使交渉で、組合がその職員をつるし上げるのは、目に見えているからだ。当局もそれは分かっている。組合は、異分子を排除するフィルターになってしまっているのだ。

そもそも、横並び意識が強く、出世しようという意欲のある職員は少ない。正規職員という立場でいれば、なんなく仕事をこなしているだけで、特権にあずかれるからだ。縁故採用も多いことから、県庁・市役所職員は地元の名士、大地主、神社の神主なども多い。彼らは、役所では労働者の顔をしていて、自分たちは弱者との外面を作って見せている。だが、退職すると地元の自民党議員の後援会幹部になっていたりする。

平均年収は七〇〇万円、退職金は二五〇〇万〜三〇〇〇万、退職後は月額二五万円以上ある共済年金、というのが地方公務員の得られる恩恵だ。

一方、非正規職員の平均賃金は、時給で九五〇円ほどで、フルタイムで働いても年収が二〇〇万円を下回る。その差は歴然としている。

一生安泰である正規職員と比べ、非正規は、定めた契約期間が終われば、職場を去らなければならない立場だ。

期間更新をちらつかせて、非正規に長時間残業させ、自分は定時でさっさと帰ってしまう正規職員も多い。仕事自体にも大きな差があるのだ。

佐藤氏は、ボランティアで野宿生活者への支援活動も行っていた。

ギャンブルや水商売に入れ込んで、身を持ち崩した人々がホームレスである、と見る人も多いが、それは違う、と佐藤氏は語る。

「直に接して話を聞いていると、彼らなりにがんばって生きてこられて、最終的にやむなくホームレスになっている。それを聞くとお互い様だと思う。同じ人間だ」

そのような経験から佐藤氏は、自治労の役員に、セーフティネットの話をしたことがある。

「セーフティネットなんてあると県民がさぼる」と、その人物は吐き捨てた。

自治労に「弱者の味方」というイメージがあったのは、はるかに遠い、昔のことである。

最近、自治労がニュースになるのは、正規職員の給与削減への抵抗だ。麻生副総理・財務相が二〇一三年度の地方公務員給与について、国家公務員と同様に平均七・八パーセントの削減を全国知事会などに要請したことに対して、一月二十三日、自治労は記者会見し、「自治体は自主的に給与や人員削減を行っており、国が一方的に決めるのは不当」として反対の姿勢を示している。

誤解のないように言い添えておけば、麻生副総理の要請が、正しいというわけではない。低賃金で働く非正規の職員のことは何も考慮していないのは、政府も同じだ。

退職した職員は共済年金を受け取れるだけでなく、天下りの道も用意されている。

「清掃工場に県で次長だった人が天下りしましたが、仕事は、鳥の観察、バードウォッチング。民間の法人に委託したところだが、県の元職員がいさえすればいい、ということなんでしょう。組合の幹部にも天下りはあって、労働金庫の理事長になったりする」と佐藤氏は明かす。

万事こともなく過ぎていれば、安楽な一生が保障されている。これを変えようとする者はいない。

組合の変革を求めて、二〇〇九（平成二十一）年三月、佐藤氏は本部役員に立候補した。

「立候補を取り下げてくれ。すでに役員は決まっているから」

佐藤氏の元に飛んできた本部役員はそう言った。十人ほどに取り囲まれて説得され、取り下げざるを得なくなった。

選挙という制度はあるが当選者は決まっているというのでは、かつてのソビエト連邦の人民代議員大会や、今の北朝鮮の人民会議選挙と同じではないか。

「確かに、いまだにソビエトを信奉している年輩の幹部もいます。彼らは『月刊社会主義』という雑誌を定期購読していました」と佐藤氏。

崩壊したソ連を信奉するとは驚きだが、内情を知ると、まさしくソ連と同じシステムだ。さしずめ自治労組合員=正規職員は、ノーメンクラトゥーラ（赤い貴族）というところだろう。

給与二重取りの犯人が自治労の監査委員

福山市は、広島県の東端に位置する中核市。広島県内では広島市に次ぎ二番目となる。

福山市役所で起きた、「ヤミ専従問題」は記憶に新しいところだ。福山市民オンブズマン会議メンバーが羽田皓福山市長に計約三六〇〇万円の返還請求を求めた訴訟で、二〇一一年二月二十四日、最高裁第一小法廷で、羽田市長が敗訴する判決が確定した。

これまで、大阪市役所、社会保険庁などでも発生しているヤミ専従は、自治労特有の問題だ。

ヤミ専従問題とは、何なのか？ 本書は、労働組合について、何も知らない、という方々にも読んでいただきたいと願っている。そのために、一から説明したい。

言うまでもなく、労働者が加盟するのが、労働組合だ。会社でさまざまな業務に従事する労働者は、仕事が終わった後に組合の活動を行う。

もちろん勤務時間中に、「労働者としての立場として、こうした業務には従事できない」などと、上司と対立することもあるだろう。あるいは業務内容の改善を求めることもある。これは組合運動で生まれた、労働者としての意識の発露だとも言えるが、あくまでもそれは業務の中でのことだ。

労働組合運動は、さまざまな面で業務そのものと絡んでくるが、その両者は分けられている。

だが労働組合が大きくなってくると、それを統括するには、多大な時間と労力が要されることになる。もっぱら労働組合運動に専務する者が必要になってくる。これが、組合の専従者である。

専従は組合の活動に専念するわけだから、役所の通常

――の業務には携わらない。当然のことながら、役所からは給与は出ない。組合の専従者は、組合から給与を受け取る。自治労程度の大きな組合なら、一般職員と同程度の額だ。

専従者に払う給与の原資は、組合員一人ひとりが払う組合費だ。組合費は、給料からの天引きになっている場合が多い。

ヤミ専従、というのは、組合の専従でありながら、役所から職員としての給与を支払われていた、ということだ。要するに、組合と役所とから、給与の二重取りをしていた、ということだ。

福山市職員労働組合の場合、八人の組合専従者が、市当局からも給与を受け取っていた。法廷は、「八人は組合活動にもっぱら従事していたと言うべきで、公務とする証拠もなく、給与の支払いは違法だ」と指摘。給与として受け取った、計約三六〇〇万円を市に返還するように求めた。

市民からも組合員からも信頼を失う、深刻な不祥事だ。だが、当時の戸守学市職労委員長、給与を支払っていた側の羽田皓市長からも、一片の釈明も謝罪もない。ちなみに、羽田市長は、自治労福山市職労の出身だ。

最高裁の決定に従って、八人は給与を返還した。しかし、戸守委員長は、「闘争費」の名目で組合の資金から引き出し、その穴埋めをした。

きわめて信じ難いことだが、戸守学は現在、自治労広島県本部委員長である。そして、自治労本部執行体制で監査委員となっている。しかし、なぜ日本には、こんなことが多いのだろう。ヤミ専従となって、組合と当局から給与を二重取りをしていた人物が監査役など、泥棒がガードマンをやっているようなものではないか。

不思議に思い、自治労本部に問い合わせてみた。

「戸守さんは、広島から推薦されて監査委員となっている。こちらでは分からないので、広島に問い合わせてほしい」との答えだ。

そして、自治労広島の答え。

「お答えする義務はない」

自分の所属する組織の委員長の名前さえ、答えることができない、という。

自治労本部のウェブサイトには、自治労の目標の一つとして、「社会正義を実現すること」と掲げてあるのだから、笑ってしまう。

自治労の常識は、世間の非常識。社会正義は自治労の中では意味が異なるのだろう。

過去の報道をたぐっていくと、〇一（平成十三）年当時、監査委員には委員長経費で接待攻勢がかけられ、監査は骨抜きになっていたという。戸守氏が監査委員だというのだから、今でもそれは変わっていないのだろう。

佐藤周一氏は語る。

「福山市は、市のすみずみまで福山市職労の力が行き渡っている。土建屋は、市職労の言うこと聞かないと工事が止められる。逆に親族に組合員が一人いれば、土建屋は自分に有利に仕事を進められる。組合が職場環境の改善や福利厚生の充実を求めるのはいいが、公共工事をはじめ、政策の細かいところにまでいちいち要求をしているのはおかしい。私立の保育園にも、福山市職労からの天下りがいて、組合の言うことを聞かざるを得ない」

福山市では、市長、自治労福山市職労、議会が、「談合三兄弟」になっている、という。そのためだろうか。芦田町圃場整備問題で二十億円もの血税を空費したり、建築基準法違反のホテルを見逃していて火災に至らせたりと、福山市では失政が目立つ。

福山市地下送迎場

福山駅前に作られた、「地下送迎場」もその一つだ。ここには福山城の石垣が出土し、貴重な文化財として注目されていた。保存を求める署名は十一万人にもおよび、文化庁からも諫言があった。それを無視して、二十一億円をかけて作られたものだ。

そもそも、「地下送迎場」とは何なのか？「地下駐車場」の間違いではないのか。調べてみると、駐車スペースは十三台分しかない。つまり、誰かに車を運転して送迎してもらえる者が、雨に濡れることなく駅構内に出入りできる、という施設なのだ。そんなニーズがいったいどれだけあるのだろう。駐車スペースは、一五分以降は五分ごとに一〇〇円かかる。駅前で買い物をする際の駐車場として使うには高過ぎる。土日の昼間でも、駐車スペースには一台も停まっていないことが多い。

全国を見渡しても、これほどまでにマヌケなハコモノもない。しかも観光資源になったに違いない文化財を破壊して作られたのだ。喜んだのは、工事を請け負った土建屋。そしてその利権に群がった談合三兄弟だけだろう。

福山市当局と市職労は、異なる立場などではなく、一緒になって血税をむさぼる利権共同体なのだ。

その福山市職労の委員長であった戸守が、自治労広島の委員長となり、自治労本部の監査委員となっている。

自治労天国を打ち壊すのは誰なのか

当局と組合が一体となって作り上げている公務員天国への怒りの声は大きい。それをバックに、橋下徹大阪市長のような存在に期待が上がっている。果たして、それは正しいのだろうか？

橋下が大阪市長に就任した早々の二〇一二年二月、市の職員に対してアンケートが行われた。内容は、組合活動への参加の有無、特定の政治家を応援する活動経験の有無など二十二項目。記名式であった。「任意の調査ではなく、市長の業務命令」「正確な回答がなされない場合には処分の対象となり得る」と書かれ、市長の署名入りであった。

これに対して、二〇一三年三月二十五日、大阪府労働委員会は、「市による組合に対する支配介入」と不当労働行為であることを認めた。橋下市長は同日、「大変申し訳なく思っている」と、今後そのようなアンケートを行わないことを約束した。

橋下が行ったアンケートは思想調査に当たる。「思想及び良心の自由は、これを侵してはならない」とする、日本国憲法第十九条に反している、と言えるだろう。

だが、自治労も同様のアンケートを行ったことがあるのだ。

二〇一〇年七月の参院選では、民主党が議席を減らし少数与党に追い込まれ、衆参の間でねじれが生じることになった。

その中でも特に、自治労の組織票が伸びなかった。自治労本部は焦りを感じ、全国レベルで組合員にアンケート調査を行った。自治労の組織票がどれだけ出たかで、連合での発言力が変わってくるからだ。

匿名だが、郵便番号、職業、年齢、性別を記入するので、回答者は特定されてしまう。強制ではないが、組合員は提出せざるを得ない雰囲気があった。

不祥事を続けてきた自治労で、組合員としての誇りなど持ちようがない。職場での立場が危うくなるので組合に従っているが、選挙においてまで忠誠を守ろうという気持ちは薄れているのは、自然の成り行きだ。

アンケートによって、組合員の投票行動を探るのは、憲法第十九条に反する、思想調査である。自治労には、橋下市長を批判する資格がない。

橋下市長と自治労は、同穴なのだ。どちらも欲望が行動原理。攻めの権力欲である橋下氏と、守りの金銭欲である自治労の違いがあるだけだ。

どんなにお互いがせめぎ合おうとも、非正規職員や一般庶民は、置き去りにされていくばかりだ。

自治労は今、脱原発の立場に戻っている。自治労が「脱原発」を口にしなくなったのは、民主党が政権を得る可能性が見えてきた頃だった。今度は、民主党から政権が遠のいて、「脱原発」が復活したのだ。

だが、連合に対して「脱原発」を掲げるよう要請したり、電力総連に対して原発推進の姿勢を改めるよう要請したり、という動きは一切見られない。

東京都の世田谷で、保坂展人区長が行っているように、県庁や市役所、および県や市の関連施設の電力供給を、原発を抱える電力会社ではなく、特定規模電気事業者から受けるようにすべきだという要求を、労働組合としてしてもいいはずだ。だが、そんな動きも一切ない。

自治労は確かに、脱原発の集会やデモに参加している。二〇一三年三月九日、東京明治公園で開かれた「つながろうフクシマ！　さようなら原発大行動」には、約一万五千人が参加した。そのうち、自治労からの参加は、四〇〇人ほど。自治労の組合員は、八八万人以上いるのだ。

政権のありようによって、「脱原発」を出したり引っ込めたりする、自治労。自分たちが利権集団であることの隠れ蓑に、「脱原発」を担いでいると思われても仕方がない。

自治労のあまりのひどさに、自民党政権や橋下市長など、それを攻める勢力への期待が上がっている。しかしそれは、欲と欲とのぶつかり合いにすぎない。

市民がもっと政治に関心を持つこと、市民に政治を取り戻すこと、市民自身が政治を作り出していくことが、

――今、最も求められている。自治労の実態を見れば見るほど、その思いは深くなるばかりだ。

電力会社労組は、原発の安全神話を社会に行き渡らせる血脈

東京電力が計画停電を実施したのは、福島第一原発事故後の、二〇一一（平成二十三）年三月のことであった。

電力が停まった家庭や店舗では、対策に追われた。冷蔵庫が使えなくなり氷で食品を守ったり、電気で水をくみ上げているマンションでは、水のくみ置きが必要になった。神奈川県の厚木市では、信号が停まった交差点で衝突事故が起き、一人の男性が死亡した。

計画停電は、被災地である千葉県旭市でも行われた。飯岡小学校や飯岡保険福祉センターなど、数百人の被災者が身を寄せる避難所の電気も消えた。

計画停電は、東日本大震災により、福島第一原発をはじめとした発電所に被害が出て、電力不足の恐れが出たためと説明された。三月十四日から行われた計画停電は、世論の反発を受けたこともあり、三月二十八日以降は行われなかった。十四日から二十八日の間、本当に電力は不足していたのだろうか？

戦後を知る老人たちは、「計画停電で電源ストを思い出した」と語った。自分たちの要求を通すために、労働組合が電気を停めたことがあったのだ。

戦時中「産業報国」の名のもとに、息を潜めていた労働運動は、日本が敗戦すると一気に息を吹き返す。GHQも民主化を求めて、労働組合の結成を奨励していた。

当時の電力会社は、戦中からの政府の電力国家管理政策に基づき、「半官半民」と謳ってはいるが事実上の国営である、日本発送電株式会社であった。

敗戦の一九四五（昭和二十）年十二月二十日に、関東

配電従業員組合が社内に結成される。翌年の四月七日、全国の電力産業の労働者を結集する、電産協（電気産業労働組合協議会）が結成された。

この時代のことが詳しく書かれているのが、『東電労組史』である。東京電力労働組合が発刊しているもので、前史から始まり、第四巻まである。会社が発刊している『東京電力三十年史』という本も分厚いが、その四倍ほどの量があるのだ。

国立国会図書館には、『東電労組史』の前史と第一巻しか、所蔵されていない。

国会図書館に所蔵されていない巻も、東電労組にはあるはずだ。筆者は、東電労組に連絡し、閲覧させてくれるように頼んだ。

返答は「外に出しているものではないから見せられない」とのことであった。苦労して編纂したであろう自分たちの歴史を見せられないとは、きわめて奇妙なことだ。探してみると、あちこちの地方図書館に所蔵されていたので、足を運んで通読した。

電気を停める電源ストは、電産協が結成された一九四六（昭和二十一）年の十月に行われた。

「ついに皇居の灯も消えた」と、前史には記されている。

これは、電産協の他、国鉄、鉄鋼、機器、全炭など二十一単産が加盟する労働組合のナショナルセンター、産別会議（全日本産業別労働組合会議）による、十月攻勢の一貫として行われたものだ。

産別会議は、日本共産党が指導権を握る、明確な左派であった。

『東電労組史』前史では、組合幹部であった吉田一吉氏が、十月攻勢の最中に目撃した光景が語られている。

「当時、電産協中央本部は旧東電本社にあった。関東も同じです。闘争中には地方から、いろいろ陣中見舞いとかカンパが来ます。配給制で貴重な酒、タバコ、それを持って激励に来る。それを入江の奴、寝そべって、女子職員に肩なんぞもませながら受け取っているんだ。まさにふんぞり返ってるんですね」

入江浩というのが、中央共闘委員会の委員長である。女子社員に肩を揉ませながら、カンパを受け取る。まさに、ありようとしては「労働貴族」そのものではないか。

この事実には、「労働貴族」というものへの、思い込みを覆すものがある。左派が衰退し、労働組合が会社にべったりになることで、労働貴族が生まれた、と普通は思われている。だが、電気を停めるというストライキを行い、徹底的に会社と闘っていた時代にも、労働貴族はいたのだ。

産別会議の書記局に入るが、共産党による産別会議支配を批判し、新産別政治部長となった水戸信人氏は、自身の共産党経験を次のように語っている。

「ともかく軍隊と同じものだ。上から下への命令一下《いっか》、上の連中は神様のように尊敬され、下の奴は二束三文だろう。だからあの世界はいやだと思ったね」

電産協を作るに当たっての目的を、吉田氏は語っている。

一つは、革命を狙う共産党の考えだ。電力、鉄道、通信などの公益基幹産業を握れば、革命ができる。電力の組合が、会社ごとに別れていては力が弱い、産業別単一組織として一本にしよう、という戦略だ。

もう一つは、賃金の値上げだ。当時、組合側は賃金を六倍にせよ、と会社に要求していた。それを通すためにも、全国的にまとまらなければならない、と考えたのだ。

だが電源ストに関して、必ずしも共産党は、一致した考えを持っていたのではない。

スト決行前に、吉田氏は入江委員長とともに共産党本部に行くと、徳田球一と野坂参三がいた。

徳田球一は、言った。

「五分間停電は面白い、びっくりするだろう、大いにやってくれ」

ところが、野坂参三の意見は違った。

「停電ストというのは大きな問題です。電気を消すような闘争はやるべきではないですよ、電気がないのは困る、私の家だって困る、慎重にやってもらいたい」

十月十二日から事務ストに入っていた電産協は、十月十九日より、電源ストを決行した。毎日十八時から十九時までの間、各変電所において、五分間ずつ停電を実施した。中央共同闘争委員会は「キリン」、全面停電は「クジラ」、一部停電は「サザエ」などの暗号で、指令が伝えられた。

その情景を、吉田氏は綴っている。

「愛宕山に登ってストの状態を見てました。見渡す限りの焼野原、バラックに点々と灯っている電灯が、次々に消えてゆくのを見て正直涙がこぼれました」

『東電労組史』では、この電源ストを「勝利」として振り返っている。一般の二倍の高水準の賃金を獲得し、「電産型賃金体系」と呼ばれる、生活保証賃金の制度が確立されることになる。勤続年数や家族数などで賃金を決める、年功序列と言われる、戦後の日本の会社の賃金体系の原型が出来上がったのだ。

料金不払い運動まで起こした電源スト

産別会議と並ぶナショナルセンターが、総同盟（日本労働組合総同盟）であった。キリスト教社会主義者が主導する友愛会が発展した総同盟は、当初から労使協調路線であり、産別会議とは対立していたが、この勝利を見て、両者は接近する。

翌年の一九四七（昭和二十二）年、「闘争を通じて単一へ」のスローガンの元、電産労組（日本電気産業労働組合協議会）が誕生した。

この年に、二・一ゼネストが計画された。二月一日に、鉄道、電信、電話、郵便、学校などを停止させる、二六〇万人が参加する全面ストライキである。

占領軍は解放軍であると規定していた共産党は、大衆の支持さえあれば人民政府の樹立も可能だと考えていた。だが占領軍の最高司令官であるダグラス・マッカーサーは、ゼネストの中止を指令した。国鉄の伊井弥四郎共闘委員長が、ＮＨＫラジオで、「一歩前進二歩後退」と涙ながらに、ゼネスト中止を伝えた。

敗北を経て十月頃から、共産党を批判する民同（産別民主化同盟）というグループが、産別会議内、電産内に生まれる。

電産では、共産党系と民同系とが主導権を争い、大会などは紛糾した。一九五〇（昭和二十五）年、奈良市で開かれた電産第五回中央大会は、両者の大乱闘となり流会となった。

マッカーサーは、公職から共産党員を追放するレッドパージを、ＧＨＱの勧告を通じて行い始める。

それに従って、会社は共産党員には脱党を勧告した。歩調を合わせるようにして、民同が主導権を握った電産も、組合から共産党員を排除した。電産はユニオン・ショップの組合であったから、組合員でなくなると同時に、社員でもなくなるのだ。

『東電労組史』には、当時の電産関東委員長、小川泰氏の回顧が残されている。

「片方は共産党員はすべて排除することを主張し、一方は共産党といえども合法政党であり労働運動とは別個なのだから党員イコール排除とすべきでないと主張してるんです。だから排除する範囲は組織の統制を乱し、決定に反している分子のみに限定するかどうかで大激論なんです」

結局のところ、共産党員はすべて排除、という方針が固まった。

社員に解雇を言い渡す社員の横には、組合の民同幹部が立っていた、という。解雇される従業員の側ではなく、管理側に立つ。「御用組合」そのままの姿だ。

社内にバリケードが築かれ、警官が出動する騒ぎになったが、レッドパージは粛々と進行した。

だが、共産党を放逐した後も、電産は電源ストを続けた。民同は産別会議と決別し一九五〇年、総評（日本労働組合総評議会）を結成していた。電産もこれに加盟する。

結成の経緯からして、反共産党的色彩の濃かった総評だが、翌五一年の第二回大会では、平和四原則支持、吉田内閣打倒と政治色を打ち出し、五二年には「総資本との対決」を運動方針に掲げたのだ。

ここで言われている平和四原則とは、全面講和、中立堅持、軍事基地提供反対、再軍備反対を内容とする。全面講和とは、ソビエト連邦と中国が加わらない、サンフランシスコ平和条約による戦争状態終結に反対する、ということだ。

この経緯も、『東電労組史』には書かれている。五一（昭和二十六）年五月の中央執行委員会で、二十二対二十一というわずか一票の差で、平和四原則の支持が決まったのだ。

電産にとっては、それ以上の課題があった。戦時下の国家統制を受けて当時まで、電力事業は、官僚統制下の全国単一組織、日本発送電会社であった。それがポツダム政令によって、独立採算の九電力会社となる。そうすると組合も分断される。その方が問題だ、というわけだ。

事実、東京電力株式会社は、五一年五月一日、私企業として発足している。

こうした中で、一九五二年、九月から十二月にかけて、電産は二十二波にわたるストを続けた。一般家庭では十四回もの停電になり、それは五十三時間にも及んだ。

東京電力には、電産の他に、関配労組（関東配電労働組合）から改称した、東電労組（東京電力労働組合）があった。こちらには、ほとんど政治色はなかったにも関わらず、この時期、電産と歩調を合わせるようにして、職場放棄や、「野放し放電」などの争議行為を行っている。

「野放し放電」というのは、停電させるのとは逆に、会社の休電命令に逆らって送電することだ。

1951年11月10日　東電労組　第13號　（1）

東電労組

停電ストライキを指令す

全組合員結集の下　断呼職場放棄へ

闘争指令第九號

一九五一年十一月六日　東京電力労働組合本部

第三回本部戦術委員会

停電ストライキの具體案を練る

會社資料の出駄羅目をつく

第三同調停委員會

主張　弾壓を防ぐものは何か

電産に調停案提示

情報連絡の徹底を計る

連絡委員會設置さる

東電労組機関紙『東電労組』
（1951年11月10日、第13号）

野放し放電は消費者からも喜ばれたが、停電になるストライキは、一般家庭や事業者を困らせた。不意の停電でモーターが不調をきたした工場もある。作業の途中で停電すると危険な製薬工場やセルロイド工場は、夜業をすることになり、特に女子工員には負担になった。

十一月末には、主婦連が中心となって「停電解消全消費者同盟」が結成された。クリーニング協会、美容師組合、印刷工業協同組合、商店連合会、医師会などがメンバーとなり、料金不払いを呼びかけた。

東京都板橋区の板橋産業連合では、ストに抗議して全会員六五〇の署名を集めた。

毎日新聞は、十一月九日の紙面で論じた。

「一ばん痛い目にあっているのは消費者たる国民だけである。けんかをしている経営者も組合員もストで困らず、電気を使っている産業とそこに働く勤労者や一般家庭だけが苦労をなめさせられているのである。しかもこのストで賃金があがったから、電気料金もあげるということになったら、他人のけんかで横つらをなぐられた第三者が、おまけに慰謝料まで払わされるようなものだ」

結局のところ中労委（中央労働委員会）の斡旋で、電産、東電労組ともに十二月には賃上げ妥結した。

基準賃金一万五四〇〇円、実労働時間週四十二時間で、電産は妥結した。東電労組の妥結内容は、基準賃金一万五八四二円であった。

電産の電源ストの大義名分には、再軍備反対の立場から、自分たちの作った電気が軍需産業復活に使われているのに反対、というものもあったが、結局のところ、賃金と労働環境の問題だったのだ。

だが賃金の妥結額は、争議前の九月に示された調停案を下回るものであり、事実上の敗北であった。

電源ストへの世論の反発をバックに、一九五三（昭和二十八）年、吉田茂首相は年頭の施政方針演説で、スト規制法の制定を示唆した。

東電労組は、スト規制法絶対反対で、電産と共闘する立場を明らかにした。

公務員からスト権を奪った国家公務員法や、義務教育職員法と併せて、スト規制法に反対する声明を、二月二十三日に東電労組は出している。一部を引用してみよう。

「これらはいずれも組合の分裂と崩壊を企図する悪らつなる謀略であり、憲法において保証せられたる民主的諸権利のはく奪であり、我等民主的労組の到底容認し得ざるものである。しかも政府はかかる弾圧政策を強行せんとする反面『ホッカブリ』再軍備を拡大強行し、警察予備隊はいつしか自衛軍に変更され、さらに民主的警察機構を改悪して、中央権力強化による警察国家たらしめんとしていることは、まさに東条軍閥以上のファシズムであり、数千億の国費と、幾百万の国民の血をもって償った貴き民主主義はかかる反動吉田自由党政府により抹殺されんとしているのである」

確かに、憲法第二十八条には、勤労者の団結権が謳われている。だがこの声明には、スト権の濫用によって、市民の生活を脅かしたことへの反省は微塵も見て取れない。

現代は格差社会だと言われるが、何もそれは今に始まったことではないことが、これでうかがえる。現代文明にとって必須の電力を握った者たちと、そうではない者たちの間には、厳然たる隔絶があったのだ。

スト規制法の成立で労使協調路線固まる

組合が闘わなくなって御用組合となり、労働貴族が生まれた、と一般には思われている。だが、自分たちのためにだけ闘う労働組合に、すでに御用組合と労働貴族の萌芽があったのだ。

総評主導によって、スト規制法反対の集会やデモがたびたび行われた。

一九五三年八月五日、デモ隊が取り囲む国会で、スト規制法は成立した。

八月七日の毎日新聞の社説を引用しよう。

「国民大衆にだけ迷惑を及ぼし、労使ともに大して困らぬ争議手段を濫用してきたことが、こういう自暴自縛の結果をもたらしたことについて、どれだけ反省しているであろうか。あらゆる手段をつくして最後にやむをえず例外的にこれを用いていたのであれば、世論は決してかかる法律の制定を必要だとは思わなかったであろうことを、真剣に自己批判すべきであり、これを機会にかかる法律は不要だと、国民から信頼されるような大人の組合になる努力をすべきである」

同日の読売新聞社説は、次のように語る。

「公共の福祉というような単なる抽象概念で、憲法で保障された基本的人権や労働基本権を制限することは許されない。公共の福祉が現実にかつまた重大な侵害を受け、それが一方の権利の尊重と比べて遙かに損害の大きな場合にはじめてそのような権利の行使を制限しうるのであって、今度のスト規制法はまさにこのような場合に相当するといえる」

勤労者の団結権は確かに憲法で保障されているが、それを濫用した電源ストの頻発の前では、スト規制法の制定はやむをえない、というのが世論の大勢であった。

思えば、東電によって行われた、二〇一一年の計画停電と構図は同じだ。

憲法によって、団結権は勤労者すべてに保障されているはずだ。だが例えば、ある工場の労働者がストライキを行い、製品の生産が止まったとする。消費者は、別のメーカーの製品を買えばいいわけで困りはしない。

電力という生活に不可欠なものを握っているからこそ、電源ストも計画停電も成り立つのだ。

スト規制法の成立を契機に、きわめて醜い争いが起きる。

東電をはじめとして九つの電力会社となった時、東電労組は名前のとおり、企業別組合である。一方、電産は九つの電力会社を横断する全国組織である。

だが、電産の関東地本（地方本部）は、東電労組との合同を模索し、実際に協議に入っていた。あくまでも全国組織であることにこだわる電産中央は、これを快く思わなかった。

電産中央の機関紙『電産』三〇三号（九月十五日）には、東電労組一組合員の匿名の投稿が載った。

「経営者から一〇〇万円の軍資金で買収され、東京西部のSキャバレーで豪遊している」と電産関東地本議長団を非難する内容だ。

東電労組に対しても電産中央は、「闘わぬ組合」「二枚舌をつかう幹部」「首切りに目をつむる組合」などと悪罵を投げかけている。

電産関東のうち、群馬、猪苗代、松本、千曲川、山梨など、東電労組との合流を望む支部が東京電産を結成。一九五四（昭和二十九）年五月、東電労組と東京電産の対等合同が成立した。

北海道、東北、中部、関西、中国、四国、九州の各電力会社でも、企業別の組合が結成され、電産から脱退して合流する動きがあった。そして、これらの組合の連合組織である、電労連（全国電力労働組合連合会）が結成される。

先に紹介した総同盟（日本労働組合総同盟）は、一部が総評結成に参加するなどの経緯を経て、一九五四（昭和二十九）年、全労会議（全日本労働組合会議）を組織していた。階級闘争、政治闘争の否定、労使協調の路線は、総評との対立でより明確になっていた。電労連は、ここに加盟する。

東電労組は一九五五年、東電労組政治連盟を結成する。国政選挙や地方選挙に取り組むためである。二月二十七日に総選挙を目前にし、一月十七日に政治団体の届け出をすませている。支持政党は、社会党と労農党であった。

他の活動としては、憲法擁護運動、原水爆禁止運動、軍事基地反対運動などの平和運動と、レクリエーションを中心にした青婦人活動であった。

一九六〇（昭和三十五）年に、社会党から分裂して民社党（民主社会党）が結成されると、東電労組政治連盟は、これへの支持へと傾いていく。

これは電労連の統一した方針でもあった。一九六三年の方針では、政党との関係はこう述べられている。

「自由にして民主的な労働運動の基本理念は、あくまでも民主主義の原則を貫くことであり、政治的には左右いずれの独裁主義、全体主義、権力主義をも排除するものであり、議会制民主主義を手段とし、方便として利用するがごとき思想はこれをとらないのである」

「したがって民主社会主義政治勢力こそ、われわれの労働運動の立場と合致するものである。よってわれわれは具体的には、民主社会主義理念にもとづいている民主社会党との指示協力関係を強化し、必要に応じて社会党とも連携する」

ここではまだ社会党を支持する余地が残されていたわけだが、一九六五（昭和四十）年には次のように、民社党支持一本となった。

「われわれは同一の方針を立党の基盤とする民社党の強化のため支持団体となって協力を続ける」

確かに民社党は、「左右の全体主義と対決」を理念に掲げていた。だが実際には、ソ連を批判しながらも、韓国の朴正熙《パクチョンヒ》政権、スペインのフランコ政権、チリのピノチェト政権、台湾の蒋介石政権など、反共の軍事独裁を支持した。

米中央情報局（ＣＩＡ）がこの当時、民社党に資金援助をしていたことが、二〇〇六（平成十八）年になって、アメリカの外交史料集で明らかになっている。

原発推進に歩調を合わせる企業別労組

民社党の大きな特徴は、防衛力維持と並んで、原発推進の立場を明確にしていたことだ。

日本原子力発電による東海一号炉が、日本における原子力の第一号である。九電力での最初は、一九七〇（昭和四十五）年八月八日に稼働した、関西電力の美浜原発である。

『関西電力労働組合三十年史』を紐解くと、「われわれは、原子力発電という最新鋭の発電を九電力のなかで最初に行った企業で働いている」と、これを誇っている。

稼働の始まるはるか以前に、関電労組の原発賛成の方針は確定し、次のように活動方針に記されている。

「基本的には、平和利用にのみ活用され、運営に当たっての一切の安全性が確保されるならば、ことさら原子力発電に反対するものではない」（一九六四年度）

「平和利用にのみ活用され、安全が確保されることと、電力供給を通じて社会福祉に貢献するならば原子力発電に反対するものではない」（一九六五年度）

そして「関電労組は、はじめから現在に至るまで原子力発電に反対したことはない。というより、これを積極的に推進する立場にたっているといった方が正確であろう」と認めている。

電労連の方針は、さらに積極的だ。一九六六（昭和四十一）年「原子力発電開発に関する電労連提言」で次のように述べている。

「原子力発電は低廉、安全供給の二原則をともに満たし且つ外貨負担の軽減という観点からも我が国にとって必須なエネルギー源であることは明らかである」

「我々は、原子力発電の開発に協力をおしむものではない。むしろ積極的に開発を推進すべきであると考える」

東京電力では、一九七一年三月二十六日、福島第一原発の一号機で初の原発稼働が始まった。

東電労組もまた、原発推進の立場にたって、行動している。「原発の必要性と安全性を理解してもらうため」、一九七六（昭和五十一）年九月、電機、造船、電力の三労連、具体的には、日立、東芝、三菱、石川島、三菱重工、原電に研究会の設置を呼びかけ、同年十月五日、三労連原子力研究会を設立した。

一九七八年三月二七日には、原子力関係労組懇談会を発足させている。

電機関係では、日立労組、東芝労組、三菱電機労組、富士電機労組、バブコック日立、東芝電気工事労組が参加している。

造船関係では、三菱重工労組、石川島播磨重工労組が参加。

電力関係では、東電労組をはじめとして、日本原子力発電労組、関東電気工事労組、東電環境エンジニアリング労組。

その他として、三菱原子力工業労組、動力炉・核燃料開発労組が参加している。

プラントの建設に関わる企業の労組も含め、原発に関わる労働者が一丸となる体制を築いているのだ。

この時期、一方で東電労組は核禁（核兵器禁止）活動に力を入れている。一九七三（昭和四十八）年から一九七九（昭和五十四）年まで、広島と長崎、東京で大会を開いている。

一九六一（昭和三十六）年に結成された核禁会議は、「イデオロギー支配を配し、いかなる国の核武装に反対すること」を理念としている。幹部には、学者を筆頭にしながら、労組の役員が名前を連ねている。

七九（昭和五十四）年の核禁全国集会長崎宣言を見ると、広島・長崎の悲劇を忘れるなといった警句が繰り返され、核兵器の廃絶を訴えるものだ。

最後に、次のような一節がある。

「核エネルギーの平和利用は、人類の発展にとって重要な課題であるとの立場から、政府に対し、安全管理体制の強化と、国民合意形成のため、その科学的根拠の解明と理解を進めるための諸施策を要求します」

核の平和利用としての原発の正当性を訴えるための核禁運動なのだ。核禁会議の活動を見ると、アメリカ大使館への要請、原爆被爆者の養護施設の強化などを訴える厚労省への要請などもしているが、各地の原発への視察のほうが目立っている。

核禁会議は現在まで続いているが、福島原発事故以後も、「核の平和利用」の主張は変わっていない。

柏崎刈羽原発の建設に向けては、東電労組は「柏崎対策特別委員会」を設置して、自ら渉外活動を行っている。現地に組合事務所を設置し、組合業務車を配し、地元の住民対策に当たったのだ。

一九七六（昭和五十一）年七月六日、柏崎刈羽原発を議題として、新潟シルバーホテルで「原子力発電問題現地対策会議」が開かれた。

参加者は、同盟本部、新潟地方同盟、福井地方同盟、柏崎地区同盟、西浦・燕地区同盟、民社クラブ、民社県連、電労連、東北電労、東電労組である。

同盟、民社党、東電労組が一丸となって、原発推進に動いていたことが分かる。

住民への説得の言葉として、挙げられている文章は、記憶しておくべきだろう。

「原子力発電が環境に危険を与えるものなら、われわれは従事しない！」

「現在の原子力発電所は周辺住民や従事者に対して健康を損なうものなら、反対運動の人々の手を煩わすことなく自らの判断で建設を中止します」

二〇〇七（平成十九）年の新潟県中越沖地震で、柏崎刈羽原発では、放射性物質を含んだ水が放水口から海に放出され、コンクリートに入ったひびからも滲み出した。大気にも放射能が放出された。

環境に影響を与えたことは、明らかであろう。柏崎刈羽原発は二〇〇九（平成二十一）年に運転を再開し、その後も東電労組員は運転に従事していた（現在停止中）。

漁民と共に原発反対の声を上げた電産中国

アメリカのアイゼンハワー大統領が「原子力の平和利用」を謳い、原子力産業は始まった。

広島・長崎を体験し、一九五四（昭和二十九）年の三月一日には、ビキニ環礁での米軍による水爆実験「キャッスル作戦」によって、第五福竜丸の乗組員が被曝したことなどから、日本には原子力への拒否感は強かった。

日本に原発を持ち込んだ張本人である、読売新聞オーナー、日本テレビ代表の正力松太郎（故人）は、メディアを通じた「原子力平和利用」キャンペーンを繰り広げ、それを払拭していく。

そのキャンペーンの一翼を、電労連や東電労組は担ったということになる。

東電労組の七九（昭和五十四）年核禁全国集会長崎宣言には、次のような一節もある。

「一方、国内の核禁運動は、核兵器をめぐる世界の動向と共に運動のあり方に対する反省と見直しの動きがある。私たちはこの期に、いま一度日本の核禁運動の起こりが何かを、厳しい目で見つめ直す必要がある。

それは、広島・長崎の被爆者が原点でなく、反米闘争の一環であり、いくつかの歪められた歴史が刻まれていることを忘れてはならない」

第五福竜丸事件の後、東京杉並の主婦が始めた反核の署名運動は、数ヵ月で三〇〇〇万人を集めた。それに対して、反米感情も広がっていた。これを収めて日本に原発を持ち込むのが、「原子力平和利用」キャンペーンの一大目的であった。

反核運動を「反米闘争の一環」と呼び「歪められた歴史」と言うことは、東電労組が「原子力平和利用」キャンペーンの意図をはっきりとつかみ取っていたということだろう。

キャンペーンは成功したと言える。敦賀原発一号炉は、一九七〇（昭和四十五）年の大阪万博開会式の日に運転を開始、万博会場へ初送電する。開会式では「原子力の灯がこの万博会場へ届いた」とアナウンスされた。多くの日本人が、未来の新しいエネルギーとして、原発を見るようになる。

だが、七三（昭和四十八）年の関西電力美浜原発の燃料棒破損、七四（昭和四十九）年の原子力船「むつ」の放射線漏れ事故などを経て、やはり原発は危ないと気づく人々も現れた。

それは、電力会社の社員にもいた。いや、電力会社の社員であるからこそ、それを熟知していたのであろう。美浜原発の事故も、内部告発によって明らかになっている。

声を上げる組合もあったのだ。かつて存在していた電産という組合は、各電力会社に出来た企業別組合に呑み込まれ、一九五六（昭和三十一）年三月の中央臨時大会で解散が決定された。だが中国電力にだけ、電産は残っていた。企業別組合である中国電力労組に対して、電産中国は三〇〇名ほどの少数組合である。

一九七七（昭和五十二）年に山口県下関市豊北町に、豊北原発の計画が持ち上がった時に、電産中国は反対の声を上げた。小学校で開かれた「豊北原発反対漁民総決起大会」に約一五〇〇人が集まるなど、主力は漁民たちだったが、電産中国はその運動に合流していく。

「原発で海が汚れたら、漁業はできなくなる。こっちは命がけだ。どこかで妥結する労働組合とはちがう」

「会社から給料をもらっていて、原発に反対し続けられるのか」

そんな猜疑の声を漁民たちから投げかけられながら、電産中国の組合員は反対運動を続けた。

中国電力の事務所の前に、原発反対の立て看板を立てる。会社はこれを撤去するが、また立てるという、イタチごっこを続けた。

国の定めた「原子力の日」には、反原発のストライキを行った。少数派組合のストであるから、電力が停まることはなかった。だが、処分の対象になる可能性も大きく、性根を据えた闘いであった。

中国電力労組のほうは、電産中国の個々の組合員に圧力をかけた。

「原発反対なんてイデオロギーに躍らされとると、会社におれんようになるぞ」

自宅まで訪ねていき、電産中国を抜け中国電力労組に入れと迫った。

七八年三月、電産中国山口県支部は『原発だより』というビラを配布する。中国電力ではすでに、島根原発が稼働していた。ビラには「島根原発の社員は地元の魚は食べません」と見出しがあり、社員たちの本音が次のように綴られている。

「中電は島根県鹿島町に原発を作っており、そこで働く社員の大部分は約四キロ離れた社宅に住んでいます。その社宅に地元で取れた魚を売りに行っても、ほとんどの人は買わずに、松江のスーパーなどで冷凍魚を買っています。

又、そこの奥さん達は『一日も早く他の職場に転勤させてほしい』『通勤に時間がかかっても、もっと発電所から離れた所に住みたい』『他に転勤するまでは子供は生まないようにしよう』と、毎日主人と話しているそうです。

原発が危険であることは、原発で働く労働者が一番良く知っているのです」

チラシを撒いた七人には、最長二ヵ月の懲戒休職処分が下された。

その後の五月の町長選挙で、原発反対を公約に掲げた候補が圧勝し、豊北原発の計画は潰えた。主役は漁民たちだったが、電産中国の果たした役割は小さくはない。

その電産中国も今はない。

原発反対組合員を大会で批判した関電労組

関西電力内でも、原発に異を唱えた者たちがいたことが、『関西電力の誤算』（旬報社）に記されている。

関電労組は一貫して原発推進だが、組合員の有志たちが八一（昭和五十六）年頃から、尼崎市の阪神電鉄「出屋敷駅」前で週一回、原発の危険性などを訴えるビラを配り続けていた。

九一（平成三）年二月九日、関西電力の美浜原発の二号機で蒸気発生器の細管が破断、緊急炉心冷却装置が作動して冷却水が原子炉に流れ込み、メルトダウンの一歩手前という、国内のそれまでの原発史上最悪の事故が起こった。

ビラを撒いていた十数名の有志は、社内で行動を起こした。四月、当時の森井清二社長に次のような申し入れを行ったのだ。

一　原子力発電が未完成の技術であるという認識に立ち、構造技術上の欠陥として早急に総点検を実施すること

二　「安全神話」にもとづいた運転・保守・点検のあり方を改め、どのプラントでも「重大事故は起こりうる」ことを前提に対策を立てること。従事者の健康と安全を守るうえからも、効率重視より何よりも安全を第一に

三点目には、会社は社内外の意見に耳を傾けることが上げられている。

「会社は、事故発生後も原因が明らかになっていない段階から『フェイルセイフが働いた』と『安全神話』を広報・教育の柱にしています。原子力発電に対して正しい認識を持つために事故の重大性を薄めるような広報・教育はやめるべきです。従業員に対しては、事故についての社外での発言に干渉し事情聴取までおこなうという言論統制を加え、『会社員一丸』となってイエスマンになることを強要しています。今日の原子力発電の安全規制は、原子力発電の危険に対する国民の強い関心と監視の中でこそ進んできたのであり、社内外での自由な意見発表を保障して原発の事故防止と安全技術向上をはかるべきです」

労働者として、きわめてまっとうな意見表明である。

しかし、申し入れたメンバーは、職場で上司に呼び出され、「社員としてあるまじき行為」「反原発で扇動は困る」などと注意され事情聴取された。

　関電労組の対応はいかなるものであったか。七月十七日、関電労組の第四十一回定時大会で、執行委員長は言った。「原子力は地球にやさしいエネルギー源として必要」「今回の事故は今後の原発を左右する取り返しのつかないものではない。設備的にも人為的にも原子炉が安全に停止したのだから問題はない」と原発に理解を示し、「原発を推進していくことが犯罪であるかのように直接行動に出ることは民主主義のルールに反する」と、社員有志による社長への申し入れを公然と批判したのだ。

　自己の意見を表明することは、民主主義の中で最も尊重されるべき権利ではないのか。それを、真っ向から否定して見せたのが、関電労組である。

　意見表明をした有志たちは志を曲げなかったがために、職場での等級が上がらない、昇給しないなど、あからさまな差別を受けた。

「思想及び良心の自由は、これを侵してはならない」。これは日本国憲法第十九条に謳われている。労働基準法第三条にも「使用者は、労働者の国籍、信条又は社会的身分を理由として、賃金、労働時間その他の労働条件について、差別的取扱をしてはならない」と明記されている。

　本来なら、差別を受けた労働者の側に立って、会社と闘うべきなのが労働組合である。関西電力労働組合は会社の側に立って、職場差別に対して拱手傍観《きょうしゅぼうかん》するばかりではなかった。職場内での交流から爪弾《つまはじ》きにする、仕事上の協力もしないなど、会社ができない差別を彼らに行ったのだ。

会社よりも原発稼働に前のめりな労働組合

　冒頭に記したように、東電労組には取材はおろか、『東電労組史』の閲覧さえ断られた。本部はどんなところなのか、行くだけでも行ってみようと思った。

　東電労組のウェブサイトを見ても、所在地がどこにも記していない。これは、きわめて不思議なことだ。労働組合とは公の団体である。たとえ御用組合でもウェブサイトを見れば、地図入りで所在地が記されている。

　所在地は『東電労組史』の奥付に記されていた。「礎会館」と名付けられた東電労組本部は、ＪＲ田町駅近くにあるようだ。

ところが、その場所に行ってみると更地になっていた。建築準備用の簡易な壁で覆われている。移転先の表示もない。

電話をして「そちらの所在地を教えてください」と尋ねると、「失礼ですけど、どちら様でしょうか」と聞き返してくる。「あの、そちらは労働組合で、公の組織ですよね」と質すと、所在地を教えてくれた。

移転先は、浜松町。行ってみると、一階の入口にギリシャ風の円柱のある、壮麗なビルだ。東電労組本部は、

礎会館

四階にある。インターフォーンを押し、「機関紙『同志の礎』を一部分けていただきたいと思って訪ねてきたのですが」と言うと、「どうぞ、四階にお上がりください」と応えてくれた。

四階で本部へ入ると、なんだか女子職員が出てくる。差し出された名刺を見ると、教育・宣伝局部長とのことだ。

『同志の礎』は組合員向けのもので、外部には出してないんですよ」と言う。

「えっ？　たいていの組合では、言えば機関紙は分けてくれますよ」

「そうですか、しかしまあ、こういう状況ですし」

「こういう状況って、どういう状況ですか？」

「それはまあ……」

結局、『同志の礎』は分けてもらえなかった。東電労組の組合員から入手すると、「来るべき再起動に向けて」という特集だった。再起動とは、柏崎刈羽原子力発電所についてである。防潮堤の建設など、安全対策を高める工事が行われていることを、担当者の意気込みなどを含めて、紹介している。

福島第一原発の事故では、下請けの労働者はもちろん、

東電の従業員も規定値以上の被曝をしている。再稼働よりも事故の検証が先、と主張するのが、本来の労働組合の役割だろう。

東電労組や関電労組などの企業別労組を束ねる電労連は、八一（昭和五十六）年に電力総連（全国電力関連産業労働組合総連合）となった。北海道から沖縄までの十の電力系組合に加え、日本原子力発電関連企業労働組合総連合と電源開発関連労働組合総連合を加えた十二の組織によって構成されている。

電力総連本部は、東京・港区三田にある。さすがにウェブサイトには地図入りで所在地が示してあったが、建物の外側には「電力総連」の表示はない。

本部のある三階のフロアに出ると、電力総連会長の種岡成一の文章が四枚、壁に貼ってある。二〇一一年十二月十六日付けの文章に目をやると、「本日、『福島第一原子力発電所・事故の収束に向けた道程』の『ステップ2』が完了し、事故そのものの収束を成し遂げることができました」と書かれている。

十二月十六日とは、当時の野田佳彦首相が、「原子炉は冷温停止状態に至った」として、事故の収束宣言をした日である。「冷温停止」とは正常に運転されている原子炉が停止することであり、メルトダウンを起こした原発が、冷温停止することなどありえない。そこで「状態」という言葉を付け、「冷温停止状態」という新語を造ったのだ。官僚が考えたレトリックであることは明らかだろう。

福島県の佐藤雄平知事は「事故は収束していない。多くの県民は不安を感じている」と、収束宣言に憤った。現場を司る労働組合として、電力総連としても、首相の欺瞞的な収束宣言に疑義を呈するべきなのではないか。

だが、そんなことは期待できないのが、現実だ。

同志の礎

来るべき再起動に向けて

現在停止している柏崎刈羽原子力発電所（以下、柏崎刈羽）では、平成25年度以降の再起動を目指して、さまざまな安全対策が進められています。今回は、そうした対策の現状を取材しました。

原子炉建屋の海側約1.5kmにわたり建設している海抜15mの防潮堤

特集 つなぐ 号外 9号

柏崎刈羽原子力発電所

メッセージボード
Message Board

「つなぐ」8号でご紹介した総合研修センターの皆さんへの応援メッセージ

総合研修センターは、現場で必要な知識と技術・チーム力を我々新入社員の時から指導していただきました。また、日々技術向上のため数多くの研修・訓練に参加させていただきました。
東電の武器は「技術とチーム力」だと思います。これからも人材育成と技術継承をよろしくお願いいたします。
「今日も一日安全作業いたします。ご安全に！」
三宅島事務所一同

総合研修センターでは部門における基礎知識や技術を学ばさせて頂きました。
基礎があるからこそ、応用に繋がるのだと日々の業務の中で、確信しています。
電力安定供給のために、これからもご指導をお願い致します。
匿名希望

応援メッセージ受付中
柏崎刈羽原子力発電所のみんなに「応援メッセージ」を送ろう！
todenroso@ab.auone-net.jp

本紙では、職場を「つなぐ」ための取り組みとして、取材した職場へ向けた応援メッセージを広く募集しています。匿名での掲載もできますので、お気軽にお寄せ下さい。たくさんの応援メッセージをお待ちしております。

『同志の礎』（2012年11月11日、号外「つなぐ」9号）

壁には、民主党の新代表となった海江田万里のポスターが貼られている。

前述したとおり、電力総連の前身である電労連は民社党を支持していた。民社党は一九九四（平成六）年の新進党の結成により、解散。九八（平成十）年の新進党の解散で、民主党に合流した。だが党内に民社協会というグループを作り、民社党の理念を引き継いでいる。

民主党の支持母体の連合の中でも、電力総連の位置は大きい。電力総連は結束が堅く、集票力が高い。電力総連の票がなければ当選できない議員は、民主党の半数以上にのぼると言われている。

電力総連は、組織内議員として、東電労組出身の小林正夫、関電労組出身の藤原正司を参院に送り出している。

福島原発事故後、脱原発の声も挙がる民主党内で、二人は原発の護持へと動いた。

「東京電力犯人説がもっぱら流布されている。このままいくと今回の地震、津波ですら東京電力のせいになるかも知れない」

「この地震（津波を伴った）発生以降の対応に決して東電の対応が完璧だとは言わない。しかし、災害の原因を一民間企業に押しつけ何千年に一度といわれる地震と津波が今次災害の最大の原因（犯人）であることを忘れてはいけない」

そんな東電擁護の言葉を、藤原正司は自身のブログに綴っている。

党内の脱原発の声を抑え、野田政権が大飯原発再稼働に舵を切ったのは、再び官僚主導に戻った、利権がらみなど、さまざまな要因があるが、電力総連出身議員などの民社協会の存在も大きい。

電力総連は、地方議会にも影響を及ぼし、原発推進の

電力総連本部の入るビル

流れを作ってきたことは、自治労の項でも述べたとおりである。

東電労組は、地方議会にも二十二人の議員を送り込んでいる。首都圏の議会が多いが、福島の双葉町や大熊町、新潟の柏崎など、原発の地元にもいる。このうちの二十人が、現役の東電社員であることが、ジャーナリストの三宅勝久氏の調査で分かっている。兼務は違法ではないが、東電労組政治連盟から献金を受け、東電からも年一千万円ほどの給与を受け取っている者も多い。

議会で何をやっているかというと、脱原発を求める意見書採択案に反対したり、同僚議員を東電丸抱えの原発ツアーに連れていくなど、原発推進の行動である。

東電労組は、管理職からもボーナスごとに一人五千円ずつの協力金を集めている。断ると、組合の役員が来て説得する。数ある御用組合の中でも、管理職からまで金を取る組合は他には見あたらない。会社の利益に沿って、会社にできないことを自分たちはやっている、との自負があってのことだろう。

ひたすら頭を垂れている体の会社に変わって、機関紙で堂々と「来るべき再起働に向けて」と叫んで、力こぶを入れる東電労組。会社が崩壊するようなことがあっても、彼らは〝自主管理〟してまでも原発を動かすのではないか。ふと、そんなことまで考えてしまうほど、会社より前のめりになっているのが、原発を抱えた電力会社の労働組合だ。

プラントメーカー労組の足下で、「脱原発」は圧殺されている

会社から、不当に解雇された。そんな場合にこそ、頼りになるのは労働組合。そう思うのは当然ではないか。

《社員ではないのだから、あなたは組合員ではない》

その時になって、そんなことを口にする労働組合があったとしたら、どうだろう。不当解雇された組合員の側に立たないのだったら、怪我人を救わない救護隊員、犯罪を目の当たりにしても何もしない警察官、歌わない歌手、描かない画家、のようなものではないか。

だが実際に、それは口にされた。日本を代表する電機メーカーの一つ、東芝。その東芝労働組合の深谷支部委員長の口から出た。

正確な言葉は、次のとおり。

「解雇無効の判決がでても、会社が社員として認めない限りは、組合は組合員として認めない」

この言葉を投げつけられたのは、東芝深谷工場で技術職として働いていた、重光由美さんだ。

一九九〇（平成二）年四月に、重光さんは技術職として東芝に入社した。二〇〇〇（平成十二）年十二月より、液晶生産の新たなラインの立ち上げ業務に携わり、ドライエッチング工程の責任者として過酷な業務に突入していく。

会社で時間外労働が認められていたのは一〇〇時間までだったが、その時間内に収まるようにタイムカードを押し、その後は、サービス残業をせざるをえない状況だった。

毎朝、午前八時に出勤し、退勤時間は深夜〇〜一時。

土日も出勤した。

計画段階から短すぎるスケジュールで、トラブルが続出。毎日のように会議が開かれ、翌日に解決していないと、上司から叱られるという状態だった。次々と搬入される新しい装置への対応も迫られる。

帰宅するとベッドに倒れ込み、朝飛び起きてバスに乗る、という生活が続く。

重光由美さん

もちろん、もっとも責任があるのは、過酷な業務を強いた会社だ。だが、このような状況を目の当たりにして、東芝労組は何をやっていたのか？

「組合に言ったら、残業時間は、きちんとつけてください、とそれだけでしたね」

重光さんは、そう振り返る。

〇一（平成十三）年五月、重光さんは新製品開発のリーダーを任される。毎日のように会議に呼ばれ、対策を早くしろと責め立てられ、過重なストレスから一週間後に倒れてしまう。十二日間休暇を取った。

〇一年の七月と十二月に、同じプロジェクトにいた同僚が自殺している。それほど過酷であった。

休暇から仕事に戻った彼女は、会社に行くのがやっとの状態であった。五月頃から頭痛に見舞われるようになっていたが、六月から、不眠、疲労感などの症状が重なり、精神科に通院を始めるようになる。

職場の課長に「うつではないの？　病院には行っているのか。その病院はちゃんとしたところなのか」などと質《ただ》され、「病院には定期的に通っている。仕事ができないので、新リーダーを決めてほしい」と彼女は頼んだ。

七月のある日、体調の不調がひどく、休んでいた彼女に、「会議に出席してほしい」と課長は呼び出しの電話をかけた。

八月二十四日、神経科医より「しばらく会社を休みましょう」とアドバイスされ、〇一年九月から休職。療養生活に入った。

三年休養したが復帰のめどが立たなかった。休職期間満了となる前に、うつ病になったことを、労働災害だと認めてくれるよう、彼女は東芝に求めた。会社は逆に労災申請しないように説得してくる。

その頃の七月十五日、東芝労組深谷支部委員長から、彼女は電話で呼び出しを受ける。

「本人の働こうという意欲があれば、会社に出て来れるはず」

対面した委員長の発した言葉が、それである。うつではなく、やる気の問題だというのだ。会社の総務から連絡を受け、歩調を合わせているのが明らかだった。

重光さんは、この時、思った。東芝労組は組合員のために何もしないところと見ていたが、組合員のためでなく、会社のために働くところだったのだ。

東芝労組がまるで頼りにならないため、彼女は、日本労働弁護団に紹介され、個人で入れる労働組合「女性ユニオン」に加入した。

団体交渉の申し入れ書を会社の総務宛に送ると、東芝労組から電話があった。「二重加盟は規則違反になる」と言うのだ。それならば東芝労組として、会社に対して労災だと認めるように交渉してほしい、と彼女は言った。

すると、「労災だと認めた医師の診断書があれば、組合としては労災と認める」と言う。

医師が行うのは、診察によって患者の状態を把握し、治療を施すことだ。監察医などの特別な場合を除いては、その原因まで追及したり、特定することはない。そのような常識を、労組の役員が知らないはずがない。

疾病や負傷が労働環境によって生じたかどうかは、労基署や裁判所が判断する場合もあるが、まずは労組が判断すべきものであろう。その当然の責務を、東芝労組は放棄しているのだ。

「会社の組合が協力してくれないのだから、他に頼るしかないでしょう」と重光さんが東芝労組に答えたのは当然だ。

女性ユニオンとして、会社と団体交渉を行った。「労災に当たらない。解雇します」と、会社側は繰り返すばかりだった。

東芝は二〇〇四（平成十六）年九月九日付けで、重光さんを解雇する旨、電話と書面で通知してきた。女性ユニオンを通じて、交渉は続いていて、九月十五日に斡旋に応じると約束していたのだが、それを反故にする解雇通知だ。

通知には、九月十三日に退職手続きに来るようにと記されてあった。すると十三日、東芝労組から電話があった。「本日退職の日ですよね。こちらでも手続きがありますので組合にも寄ってください」と言うのだ。

退職と同時に、組合脱退の手続きを取らせようというのだろう。労災ではないから解雇、という会社の判断を、東芝労組は追認する、というわけだ。

「解雇認めません」と、重光さんは電話を切った。

法廷で認められた労災と解雇無効

重光さんは熊谷労働基準監督署に労災申請したが、〇六（平成十八）年一月、労災だと認めない決定が下される。労基署は、小さな会社には大手を振って締め付けにかかるが、大会社には屈する。これは、他の取材でも明らかだ。〇六年一月、埼玉労働局に審査請求するが、やはり、〇七年二月に棄却されている。

〇四年十一月、重光さんは、東芝に解雇無効を求める裁判を東京地裁で提訴している。

〇七年の七月には、労災不支給の取り消しを求めて、東京地裁に提訴する。

うつを抱えながら、二つの行政訴訟を彼女は闘った。

解雇無効を求める裁判では、東芝の課長が証人尋問された。

「自己申告制だったタイムカードの退勤時間を超えて、原告（重光さん）のパソコンデータが多数存在しているのだが、原告が深夜遅くまでサービス残業をしていたことについて把握していたか？」

弁護士の問いに、課長が答える。

「自己申告は信頼関係で成り立っているのでタイムカードが正しいと思っている」

だが、そのタイムカードはおかしなものだった。重光さんの所属が異なっているのだ。改めて印刷したので変わってしまった、というのが会社の主張だ。〇二年のタイムカードを、〇四年に印刷したら所属が変わる、という東芝は、どんな会社なのだろうか。有休を取った分で残業時間を減らす、などの操作もされていた。

弁護士が重ねて質す。

「厚生労働省が『自己申告により把握した労働時間が実際の労働時間と合致しているか否かについて、必要に応じて実態調査をすること』という通達を出しているが知っていたか?」

「知らない。総務からの指示どおりにやっていた」

課長は開き直ったのだ。自己申告させてサービス残業をさせていたことを、法廷で認めたことになる。

重光さんが十二日間連続して休暇を取ったことについては、「頭痛だから気にならなかった」と課長。

「十二月から四月まで深夜労働が多かったことと頭痛とを関連づけなかったのか?」「頭痛だと部下が長く休んでも気にならないのか?」

弁護士の問いに、「頭痛だから気になりません」と課長は、さらに開き直った。

課長が管理職としての責任を果たしていなかったことが、尋問で明らかになった。

〇八(平成二十)年四月、東京地裁は、「東芝は安全配慮義務違反を犯しており、解雇は無効である」という判決を下す。重光さんの全面勝訴である。東芝が控訴したため、争いの場は東京高裁に移る。十一年二月、高裁が下した判決も、解雇は無効とするものだった。ただし、一審よりも多く東芝側の主張を認め、賃金および損害賠償の支払いを減額する内容であったため、重光さんは上告した。

〇九(平成二十一)年五月には、労災不支給の取り消し訴訟に勝利し、こちらは判決が確定し、労災支給が決定した。

解雇無効判決でも組合員と認めない東芝労組

解雇は無効であることは、東京地裁、高裁ともに認めた。東芝労組が何らかの支援をしてくれるだろうと考えて、一〇(平成二十二)年六月十七日、アポイントを取り、重光さんは東芝深谷工場内にある東芝労組深谷支部に向かった。

良心的な組合員の一人が彼女に付き添ったが、東芝深谷工場西門で警備員に足止めされ、警備室の待合室で待つことになった。社員であるから、工場には入れるはずだが。

重光さんは一人で、組合事務所に向かった。

委員長はにこやかに彼女を迎え、応接室で話が始まる。

東芝が、即日控訴をし、国に労災認定されたにもかかわらず和解を蹴り、国の労災認定をも否定する主張を、今もって裁判で続けていること、を記した要望書を、彼女は委員長に手渡した。

要望書の最後には、組合への具体的な要望が記されている。

・私が二〇〇一年の過酷な労働等でうつ病を発症し、上司のパワハラ行為等で症状が悪化し休職に追い込まれた事について、会社が、業務上の労災であること、会社側に全面的に過失があったことを認め、私に対し、一刻も早く誠意ある対応をするよう、会社と交渉をお願いします。
・不当解雇したこと、裁判での嫌がらせ行為等で体調が悪化したことについて慰謝料の支払い及び謝罪すること、今後は誠意ある対応をするよう会社と交渉をお願いします。
・私の裁判の表立っての支援を、東芝労組としてお願いします。
・裁判で解雇無効の判決が確定した場合、会社から不利益が無いよう、会社が私に誠意ある対応をするよう、会社に交渉をお願いします。特にメンタルヘルスで休職していた人が復帰する場合は会社の誠意ある対応無しには復帰はできません。私が会社に問題なく復帰できるよう会社に交渉をお願いします。
・私の組合員籍を回復させ、組合員として扱ってください。

ここに書かれていることは、労働組合が当然取り組むべき課題だ。

東芝労組の基本理念の最初にも、「働く条件の向上に努め、活力ある生活を創造します」とある。

ところが、要望書を読み終えた委員長の口から出たのは、その理念に反することだった。

「組合は、会社との裁判については介入ができない、支援ができない」「会社と重光さんとの当事者同士の裁判に、第三者が介入できない」

この言葉に驚いて、重光さんは言った。

「組合だから第三者ではないはず。国に労災認定されていて、それは覆ることはないはずだ」

この後に、冒頭に紹介した言葉が、委員長の口から出た。

「解雇無効の判決がでても、会社が社員として認めない限りは、組合は組合員として認めない」

不当解雇された労働者を組合員として認めないだけでも驚きだが、司法の下した法的判断よりも会社の決定を優先する、というのだ。

メモを取っていた重光さんに、委員長は言った。

「手帳に書かないでください。ブログに書かないでください」

自身の言葉が、労働組合の存在を根底から否定するに等しいものであり、公にされたくない、という認識は、委員長は持っていた、ということになる。

「載せます。一行一句そのとおり載せますから。脚色しませんから大丈夫です」

重光さんは、はっきりと告げた。

「ブログに書かれると困るので、お話ができない。これ以上は話をしません」

そう言ったきり、委員長は口をつぐんだ。彼の頭の中に、公にされては困ることばかりが、詰まっているのだろう。

ここまで語った委員長の言葉だけでも、東芝労組の本質は明らかだ。労働者が会社から解雇された場合、その実態を調査し、不当解雇だと判断した場合、それを撤回させるべく会社と交渉するのが、労働組合の役割だ。もちろん、解雇は無効だという立場から、雇用関係は継続していると見なし、社員であり組合員であると認める。

会社との交渉で解決しない場合、労基署や労働委員会、裁判といった公の場に持ち込むのも、労働組合の役割だ。当然の責務を果たさず、いつのまにか自らを「第三者」などと言っているのだ。ストライキをやらなくなった東芝労組は、労働組合の仕事はサボタージュしているのだ。

「『組合だより』というがあるけれど、会社の保養所の空きぐあいとかくらいしか載ってません。春闘があっても、どんな要求したかもわからない。なくなっても、まったくかまわない組織」と重光さんは言う。

ちなみに、女性ユニオンの組合費は月二～三〇〇〇円程度だが、きちんと会社に対応した。月五～六〇〇〇円ほども組合費を取る、東芝労組は会社と歩調を合わせるだけだった。

「何のために存在しているのか、本当にまったくわかりません」

そう重光さんが嘆くのも、当然だ。

職場内の秘密組織「扇会」による組合工作

東芝で労組が結成されたのは、敗戦直後である。一九四五（昭和二十）年十二月十四日、堀川町従業員組合が結成されたのを皮切りに、鶴見、府中、車輌、柳町、小向、電子研、生研などで続々と結成が続き、四八（昭和二十三）年には東芝労連（東芝労働組合連合会）へと統一される。

レッドパージには抵抗、砂川基地反対闘争に参加、六〇（昭和三十五）年には安保条約改定阻止国民会議の統一行動に参加と、東芝労連は闘う組合であった。安保闘争では、ピケで負傷した支部委員長もいる。

東芝労連は一時期分裂するが、統一し、一九七〇（昭和四十五）年、東芝労働組合と改称される。

一九七九（昭和五十四）年までは、たびたびストライキも行っていた。ストに対しては、会社は臨時従業員を就労させて工場を動かした。これを組合員たちは、ピケを張って阻止をする。臨時従業員とは今で言う「非正規」である。正社員である組合員と、非正規労働者がにらみ合う構図を思えば、必ずしもストライキがいいとは言えない。多くの労働組合が正社員だけの利益を守っている、という構造はこの頃から変わっていないのだ。

だが労働者の不当解雇にまで、会社側に立って振る舞うほどへの御用組合へと、どうやって変質してしまったのか。

それは、一つには、会社による組合幹部の抱き込み工作である。組合結成初期の一九四六（昭和二十一）年にも、本社の経理課長の家に組合各支部の幹部が集まり謀議を交わしていたことが、暴かれている。

そしてもう一つは、他の会社では見られない、東芝特有の組合への工作があった。一九七〇（昭和四十五）年頃から、公安警察出身者を勤労や労政担当として雇い入れたのだ。

各職場の職制が選んだ労働者を、「職場管理者教室」に秘密扱いの業務命令で派遣し、主に左派対策の教育を行う。研修会は、東芝本社の部長らが出席。勤労・労務担当役職者が講義を行う。

その修了者が、秘密組織「扇会」の会員となった。一九七四（昭和四十九）年には全国組織「東芝扇会」が結成され、会員数は最高時で全国で三〇〇〇人となった。

そして「三名の問題児がおり、周囲への影響を防止するよう、常に監視する必要がある」などと職場の状況を

東芝労組本部

会員が報告する。労働者が労働者を監視する、非公然組織なのだ。

　彼らが主に標的にしたのは、民青だ。日本共産党系の青年組織「日本民主青年同盟」である。

　職場内での民青活動家の動向は、扇会会員によって把握され、作業状態の管理や、就業規則遵守を突きつけることによって、彼らの動きを封じ込めているという「成果」まで、報告されている。

　労組役員の選挙に、民青活動家である労働者が立候補することもあった。その場合には民青活動家たちに業務出張させ、選挙活動を低下させるということまで行っている。

　もちろん民青だけでなく、会社に批判的であったり、職場に不満を持っている労働者は、すべて監視対象になった。約五三〇名に及ぶ「問題者」の詳細なリストが作られた。

　このような扇会の活動を通じて、（1）「問題者」の役員からの排除、（2）若年後継者の育成、（3）反共路線の堅持、を軸として、東芝労組は完全な御用組合となった。

　会社と労組の腐敗した一体ぶりを象徴するのが、「旭川事件」と呼ばれる少女買春事件である。

一九八七（昭和六十二）年、扇会研修会にも出席している東芝本社労務担当の清野部長と、東芝労組の宗野中央執行委員長がともに、旭川市にある東芝の下請け会社に接待旅行に招待された。工場視察とゴルフを行い、大雪山国立公園のホテルに同宿した。

コンパニオンに酌をさせての宴会の後、清野部長と宗野中央執行委員長は、それぞれの部屋でセックス接待を受けた。相手は、どちらも十五歳の少女だった。それが発覚し、警察の摘発を受ける。斡旋したスナックの経営者と、下請け企業の総務課長は、児童福祉法、売春防止法違反で逮捕された。

児童買春・児童ポルノ禁止法（児童買春、児童ポルノに係る行為等の処罰及び児童の保護等に関する法律）がある現在なら、部長と委員長も逮捕されただろう。だが、同法が施行されるのは、一九九九（平成十一）年である。

売春防止法では、相手になった男性は罰せられない。部長と委員長は、旭川中央署に参考人として事情聴取されただけだった。

もはや、このような形での「労使協調」は珍しいものではない、と見るべきなのだろう。事件が公になったにもかかわらず、社内でも組合内でも問題にされたという形跡はない。

その後、部長は関連会社の取締役となり、委員長は別の関連会社の部長となった。

東芝がユニオンショップ制になったのは、東芝労連であった一九六四（昭和三十九）年からだ。ユニオンショップ制とは、会社が指定する労組に加入することを、雇用条件とすることだ。

これは、組合側が要求して実現した。一般的に考えれば、組合にとって有利な制度だ。入社して社員となった労働者は、自動的に組合に加入することになるからだ。

だが、労使同体の御用組合へと変質を遂げてしまうと、ユニオンショップ制はまったく別の機能を果たすことになる。社員ではないから組合員ではない、と言われた重光さんの例でも明らかだ。

他にも、実例がある。東芝の小向工場で働いていた労働者は、九五（平成七）年になって小さな疑問を持つ。その一つは、作業着の着替え時間が、勤務時間外とされていることだ。この年、三菱重工長崎造船所で、同様のことが問題になり法廷に持ち込まれ、「着用時間は労働時間に含まれる」という判決が下り、後に最高裁で確定している。

彼は、職場の上司に言ったが、改善されなかったため、東芝労組に相談した。労組が率先して取り組むべき、職場環境の改善だろう。

「会社は、間違ったことはしていない」

それが、東芝労組の答えだった。

東芝労組に疑問を持った彼は、個人で加入できる全国一般労働組合全国協議会神奈川の組合員となった。だが、東芝労組は彼を慰留し、脱退届を受理しない。

彼は新たに加入した組合員として東芝に団体交渉を申し入れたが、東芝労組が彼の脱退届を受理していないことを理由に、それを拒絶している。

東芝労組があるために、団体交渉ができない。

東芝労組は、何のためにあるのか？　こと、ここに至って答えは明確であろう。労働運動をさせないために、東芝労組は存在している。東芝労組があるために、職場の当たり前の労働環境の改善もできず、団体交渉もできず、労働者は団結することもできないのだ。

東芝は原発のプラントメーカーだが、「脱原発」など、東芝労組があるために、とても口にすることはできない。

東芝労組があるために、労働者は過労によって、病や死に追いやられている。

その役割を果たす対価として、労組役員は高給をもらい、老後に至るまで安泰な生活が保障されているのだ。

民主党を原発推進に転換させた日立労組議員

東芝労組は、明確には原発推進とは打ち出していない。だが東芝や日立など、原発プラントメーカーの労働組合を抱える電機連合（全日本電機・電子・情報関連産業労働組合連合会）は、明確な原発推進勢力だ。

二〇一二（平成二十四）年七月九日、電機連合の有野正治中央執行委員長は、「原発再稼働反対」「増税反対」を掲げて、小沢一郎のグループが民主党から離党したことを批判した。「原発再稼働反対」の主張は大衆迎合主義であり、「国の未来はありません」とのことだ。

電機連合の中で大きな役割を果たしているのが、日立労組（日立製作所労働組合）だ。とりわけ、日立労組出身の大畠章宏衆議院議員の〝活躍〟はめざましい。

日立製作所で、原子力発電所の設計、建設業務を行っていた大畠は、一九七八（昭和五十三）年、日立労組の専従役員となり、一九八六（昭和六十一）年、茨城県議会議員に当選する。

電機連合本部

日立労組はすでに、一九八〇（昭和五十五）年、衆院に城地豊司議員を送り出している。所属は社会党であった。城地議員の死去に伴い、大畠は、後継候補として一九九〇（平成二）年の第三十九回衆議院議員総選挙で、日本社会党から初当選した。村山内閣では通産政務次官を務め、一九九八（平成十）年の民主党結党に参加した。

日立労組は、原発推進である。大畠議員は自らに課せられた責務を、着々とこなした。

九三（平成五）年に、原発を推進する超党派の機関「原子燃料政策研究会」が設立され、大畠は菅直人内閣で入閣するまで理事を務めている。機関誌『プルトニウム』にも大畠は幾度となく登場する。高速増殖原型炉「もんじゅ」を運営する独立行政法人「日本原子力研究開発機構」は、この研究会に、「会費」として二〇一一（平成二十三）年度までの五年間で一二〇〇万円を支払っている。原燃研究会の会員は他に、原発を抱える電力九社や三菱重工業、東芝などの原子炉メーカー、竹中工務店などの大手ゼネコンなど三十社と個人十七人。一〇年度は原子力機構の二四〇万円を含め三六四〇万円の会費収入があった。

同研究会は、〇四（平成十六）年に設立された超党派の国会議員でつくる「資源エネルギー長期政策議員研究会」（会長・甘利明内閣府特命担当大臣・経済財政政策、会員・一〇五人）に情報や資料の提供を行うなど活動を支援している。

〇三（平成十五）年には、自民党議員や原発立地自治体と一緒になって大畠は、原発立地特別措置法の制定に動いている。立地地域に公共事業などの恩恵を与えることによって、原発の受け入れを促すものだ。不十分な安全規制が改善されてもいないのに、原発推進のアクセルを踏んでいるのだ。

民主党が政権を取る前の、〇六（平成十八）年七月二十六日、大畠が座長を務める民主党経済産業部門会議・エネルギー戦略委員会が、初めて原子力の積極推進を打ち出した。それまで民主党内での原発に関する見解はバラバラで、せいぜい過渡的エネルギーとして認める、という程度の合意だった。それを、積極推進に転換させたのだ。

そして〇九（平成二十一）年九月、民主党が政権の座に就いた。国連気候変動サミットに出席した鳩山首相は、温室効果ガスを九〇年比で二五％削減することを表明した。CO_2を減らすのに欠かすことができないエネルギーとして、原発がクローズアップされる。機を同じくして、民主党最大の支持団体、連合は、原子力発電所の新設を容認する方針を固め、九月十七日の中央執行委員会で了承された。

連合ではそれまで、自治労などの旧総評系が、反原発の姿勢をとっていた。電力会社の組合である電力総連、日立など電機会社の電機連合などの、旧同盟系が原発推進。双方に配慮して運動方針が定まっていなかった。「安全確保と住民の合意は譲れないという考えに立ったうえで、新設を推進する」と自治労が譲歩して、原発推進が固まった。

翌一〇年の三月、連立を組んでいた社民党党首の福島瑞穂は反対したが、地球温暖化対策基本法案には、「原発推進」の文言が入った。

この時の閣僚には、組合出身者で注目すべき人物がいる。文科相の川端達夫だ。京都大学大学院工学研究科を修了、東レに入社し、同社労組滋賀支部長を経て、一九八六（昭和六十一）年、第三十八回衆議院議員総選挙に民社党公認で滋賀県全県区から出馬、当選を果たして政界入りした。川端は原発推進派だ。東レは、ウラン濃縮のための炭素繊維を開発中で、原子力産業の裾野を担っている。労組出身者が会社の利益を代弁する、という構図がここにもある。

経産相は、自動車総連（トヨタ労組）出身の直嶋正行。官房長官は、電機連合（松下労組）出身の平野博文。どちらも原発推進だ。

一〇年六月に菅政権に変わると、温室効果ガスを九〇年比で二五％削減、という目標達成のために、今後二十年間に十四基の原発を新設するという計画を打ち出した。デフレ脱却のための新成長戦略に、原発輸出が盛り込まれた。

大畠は一〇年九月の、菅第一次改造内閣において、経済産業大臣として初入閣し、一一年一月の菅第二次改造内閣の組閣では、国土交通大臣に就任した。

野田政権の成立で閣僚からは退いた大畠は、民主党エネルギープロジェクトチーム（ＰＴ）の座長になる。党のエネルギー政策を包括的に検討するチームのはずだが、最初から原発推進色が強かった。

一一年三月十一日に起きた東日本大震災に伴う、福島第一原発の事故によって、民主党の中からも脱原発の声が高まった。

一一年十二月二十二日、菅元首相は自らの希望でＰＴ総会で講演し、「日本が再生可能エネルギーでやれると思うかどうかが重要だ。ドイツやスペインはやれると思っている」と、脱原発を強調した。党内の脱原発派は、菅のＰＴへの顧問就任に動いた。だが「首相経験者の就任はいかがなものか」と座長の大畠がこれを退けたのだ。

一二年四月三日、ＰＴは「再稼働させなければ、国民生活や経済が多大な影響を受ける」「十分な安全性が確認された原発を速やかに再稼働するべきだ」として、原発の再稼働を求める提言をまとめた。

一方、荒井聡が座長を務める、党内の原発事故収束対策ＰＴは、再稼働は時期尚早とする提言をまとめ、真っ向から対立することになった。

大畠が二〇〇〇（平成十二）年にまとめた「省エネルギー国家の構築」でも、原子力開発の推進側である原子力委員会との関係が曖昧であることを指摘し、三条機関の設立を提唱している。

この大畠自身の提言に従って考えても、原子力規制庁ができてもいないのに再稼働させるというのは、時期尚早となるはずだ。

稼働原発ゼロの状態が続けば、国際的には日本は原発政策で失敗した、という印象が広がる。国内の新設が無理なら輸出に活路を見出したい、というプラントメーカーにとっても困ったことだ。

再稼働に慎重な意見を退けて、野田首相は大飯原発の再稼働に踏み切った。

エネルギーPTは、七月に中間報告をまとめた。「国際的にわが国の担うべき役割等も視野に入れ、原子力技術の継承を図る」と強調。高速増殖原型炉「もんじゅ」の存続などを念頭に置いたとの見方もできる。

工場内に造られた、見せしめの「ガラスの檻」

日立製作所の前身は日立鉱山であった。一九〇六（明治三十九）年にストライキが起こるなど、労働運動の歴史は古い。

日立製作所では、一九一二（大正元）年から友愛会を中心とする労働運動が発展するが、一九一九（大正八）年に日立工場で起こった大火を機とし、復旧に協力的でない、として、会社が友愛会の主力会員を解雇することで壊滅させられる。その後、会社と融和的な温交会が作られ、戦時下の一九三九（昭和十四）年には、「産業報国日立工場温交会」となった。

戦後になって、日立製作所日立工場労働組合が結成されたのは、一九五六（昭和二十一）年一月十五日である。二十二の工場、研究所で組合が結成され、二月には日立総連合（日立製作所労働組合総連合）となっていく。

たびたびストライキを打ち、六〇年安保闘争では国会包囲のデモにも参加した。

会社側は、組合の主要活動家を配置転換、仕事を干す、解雇するなど露骨な弾圧を加えた。警察を介入させることもあった。

六〇年代初め頃から、職制がそのまま組合役員になるという形で、労使合体が図られていく。それでも節を曲げない労働者には、さまざまな差別が加えられた。

日立では職級が、七段階に分けられている。級が上がっていくと、給与も上がる。だが、異分子と見なされると、能力が高かったとしても昇級は据え置かれる。

一九六五（昭和四十）年九月十一日、武蔵工場で働く組合員の有志と、それに賛同する臨時工が、晴海埠頭で開かれた「日韓条約阻止、ベトナム侵略反対、小選挙区反対」集会に参加した。

それを知った会社は、その臨時工に「理由は自分の胸に聞け」と解雇を言い渡す。臨時工は組合員ではないから、と労組は取り合わない。

組合員有志は、地域の労働組合に支援を要請して、武蔵工場の前で「解雇反対」のビラを撒く。すると、彼らに対して、日立消防隊が放水を浴びせた。

組合員本人はすぐには解雇はされなかったが、さまざまな圧力を受ける。残業を断ると、課長から反省文を書けと言われる。労組に相談すると、残業に関する三六協定を交わしているのだから、もっと残業をするべきだ、と言われる。

彼は屈強な警備員に腕ずくで勤労課に連行され、自分の行為は就業規則違反であったことを認めるよう強要される。それを拒否すると課長は、「しばらく出社するな！」と怒鳴った。

結局、彼も解雇されたが労組からの支援は受けられず、外部からの支援を受けながら、裁判などで闘うしかなかった。

七〇（昭和四十五）年に日立総連合は、日立労組となった。十二月の茨城県会議員選挙を皮切りに、選挙への取り組みを始める。七一年の統一地方選挙では、組織内候補の全員当選をはたした。

日立労組となって、労使同体は確固なものとなった。社内の異分子に対しては、労使一体となって圧力を加えるようになる。

七三（昭和四十八）年には武蔵工場に「ガラスの檻」なるものが作られた。廊下との間をガラスで仕切った作業場で、六人の女性労働者が働かされた。「胸のネームが曲がっている」「何を笑っているんだ」などと、通りがかる社員、警備員がいちいち口を出す。労組はこの問題に取り組まないだけでなく、職場集会から六人を締め出した。

この六人、いったい何をしたというのか？

一人は、十五歳で入社してすぐにある先輩と親しくなった。上司から「あの人はアカだから近づかないほうがいい」と言われたが、信頼できると思い、つきあい続けていた。ただ、それだけだ。

一人は、子どもを持った母親だ。働き続けると子どもがかわいそうだ、という上司の退職勧奨を受け入れず、子どもがいても働き続けられる職場づくりをめざして活動していた。これは、労働組合が本来取り組むべき課題ではないのか？

共産党の国会議員が国政調査権を使って現場調査し、「ガラスの檻」は全国に知れ渡ることになった。それでも、これが撤去されたのは三年経ってからのことだった。

ここで出てくる「アカ」とは、共産党系の青年組織、民青のことである。電力会社、東芝、トヨタなどの大会社でも、民青メンバーへの抑圧、差別があった。

戦後のしばらくの間、共産党の主導する産別会議が、労働界で猛威を振るったことで、経営側には警戒心があるのかもしれない。だが、レッドパージを経ただけでなく、共産党自身の失策も度重なり、労働者からの支持は減った。社内の民青メンバーは、どこでも少数派だ。

民青への抑圧、差別は、異分子への見せしめの意図があることが、「ガラスの檻」事件では浮き彫りになっている。そこに入れられたのは、民青メンバーとただ親しくしていた者、子どもがいても働き続けられるように願った者らだった。

工場長が決める議会への労組からの候補者

労働者の不当な扱いに加担さえしている日立労組は、もっぱら選挙に力を入れてきた。

日立労組は、衆議院議員の大畠章宏を筆頭に、茨城県議会、日立市議会、横浜市議会などの地方議会を含めて、

日立労組本部

三十二人の議員を送り込んでいる。

選挙はどのように行われるか。まず、候補者は労組内の議員選考委員会で選定され、評議員会の議決と支部組合大会の決定により、正式に予定候補者となる。一般組合員には彼らがなぜ選ばれたかはまったく分からない。本人でさえ工場長から「君が候補者だよ」と言われて、初めて知ったという例もある。

労組の候補者が、それを工場長から告げられるというのもおかしな話だが、御用組合というのは、そこまで会社と一体なのだ。

重要な選挙では、部長が「皆さんの選挙は自由ですが、今回の選挙はぜひ当選してほしい。会社と組合は運命共同体です。会社も日立ファミリーの一員として応援しています」などと指示を出す。

候補者は、日立労組公認、そしてその上部団体である電機連合の公認となり、企業ぐるみ選挙が行われる。

選挙の数ヵ月前から、組合員には一人あたり五票十票と支持者カードの提出が強要される。一般組合員には、家族以外には名前を書くような人はいない。職場にいる派遣会社の人に名前を貸してくれるよう頼む者もいる。選挙戦が始まると、組合員にはこの支持者カードをもとに、戸別訪問が強要される。候補者パンフレットとあわせて、全労済などのパンフレットを紙袋に入れておき、訪問が選挙違反と見なされないようにする。

組合の地域事務所が選挙事務所となり、専従者が詰め、選挙運動と票の確認作業のセンターになる。センターの指示のもとに、野球部応援団のリーダーやチアガールが大勢動員される。仕事時間中に選挙ポスターのプラカードを持ち、候補者名を連呼しながら職場内を何度も練り歩く。

職場の選対は、班委員長を本部長として、部長クラスが顧問、課長クラスが参与、職場委員が実践部隊として構成される。名目は組合の選挙だが、実際は企業ぐるみ選挙なのだ。選挙終盤には事務所系では課長が、現場系では作業主任や組長が、「安全パトロール」と称して組合員の家庭を訪問して票を確認して歩く。

そのようにして、原発推進で会社に貢献する、大畠のような議員を生み出しているのが日立労組なのだ。

現在も、日立労組内には、まともに労働環境を改善してほしいと活動する有志がいる。日立労組本部に対して、何度も要望書を出している。減給に対処してほしい、サービス残業に対処してほしい、パワハラ、セクハラに対処してほしい、派遣労働者の雇い止めをやめさせてほしい、などの内容だ。何度要望しても、日立労組はこれらの取り組みを行おうとしない。

工場の門前でのビラ撒きなどを会社が妨害するのは、昔のままだ。総務や守衛が、受け取った者に「捨てろ」とゴミ箱に捨てさせる。昇級への差別も、当然のことながらある。

二〇一一（平成二十三）年には、「原発推進から自然エネルギーを活用した電力発電へ企業戦略を切り替え、低エネルギーで企業活動ができるように『働き方』の見直しが重要です」と要望したが、原発を止める考えはない、という答えだった。

事故を起こした福島第一原発は、三号機が東芝製、四号機が日立製だ。東電に言われたままに造ったのだからと、日立社内で反省の色は薄い。

それでも、それまでタブーだった原発の話が、職場でも出るようになった。原発を止めると、自分たちが作り上げてきた技術がなくなってしまう、あまった人員はどうなるのか、などの声の中にも、やはり危ないから止めるべきだ、という声も挙がる。

だが、日立労組には、そのような声を吸い上げる気は、さらさらない。

大畠章宏は現在、民主党代表代行。脱原発派が出て行き、原発推進に純化した感のある民主党で、自らの役割を果たしていくであろう。

大阪中電マッセンストライキは、どのように受け継がれているか

戦後の労働運動を大まかに顧みる時、共産党を主軸とする左派が退潮していくとともに、労使協調の御用組合が生まれ、労働貴族が誕生したと見られがちだ。だが実際には、そのような単純な流れではない。

前田裕晤《ゆうご》氏は、NTTの前身である日本電信電話公社で労働運動を闘っていたが、一九六一（昭和三十六）年に共産党から除名された。だがその後、労働者の立場に立った運動を続けてきた。前田氏のあり方は、「労働貴族」とは、対極にあるものだ。

前田氏の人生を振り返ってみると、本来の労働運動はどんなものなのか見えてくる。逆に「労働貴族」は何かが、浮かび上がってくる。

電電公社（日本電信電話公社）が設立されるのは、一九五二（昭和二十七）年。前田氏が入省したのは、一九五〇（昭和二十五）年。まだ、電気通信省であった。一九四九年に、逓信省が、郵政省と電気通信省に分割された。

戦後、前田氏は、電気通信学園に入る。

「私は別に、モールス信号をやりたくて、学園に入ったわけではない。授業料も無料で、寮費もタダ、食事も付き、微々たる額だが小遣いもくれた。そのかわり、卒業後最低二年間は働く義務がある。一二三名入学した同級生のうち、八割が戦争で父親を亡くしていた。ほかにも農家の次男、三男坊で家を継げない人がいた。私も父が亡くなっていて、勉強したければ、自分で稼いで学ぶしかないと思った。働き始めても、通信業務は夜勤専門業務ができるので、昼間勉強できると思った」

前田裕晤氏

実際に前田氏は、夜勤専門業務に就きながら、同志社大学を卒業、その後は、同志社大学で二年、立命館大学で四年、大学院に通う。その間に、運動に入っていく。

「当時、『党』と言えば共産党のことだった。社会党などのことは『社会党』と呼び、『党』とは言わない。共産党に対する『党』の呼び名には、単なる政党の意味ではなく、特別な響きがあった。戦中、投獄されながらも戦争に反対したのは、共産党だけだ。戦後も、天皇制の批判をしたのは唯一共産党だけだった」

戦後すぐの間は、共産党の労働運動への影響力は絶大なものがあった。だが、ＧＨＱ（連合国軍最高司令官総司令部）によって、日本共産党員とその支持者を公職追放する、レッドパージが吹き荒れた。

一九四七（昭和二十二）年の二・一ゼネスト後には、労働組合内部で、共産党の組合支配を批判する、民同（民主化同盟）と呼ばれる組合内分派が、次々に結成されたこともあり、共産党の影響は削がれていった。

前田氏が勤務し始めた大阪中電（大阪中央電報局）の労働組合、全電通（全国電気通信労働組合）も、民同の支配するところであった。

職場の共産党員はその時、五名だった。映画サークル、文学サークルなどを催すなどして、前田氏らは党員を増やした。共産党中央は五九（昭和三十四）年にかけて、倍加運動を呼びかけていたが、それまでに十倍ほどにまで拡大。組合支部の主導権を握るに至っている。

一九五一（昭和二十六）年に、後に連合（日本労働組合総連合会）初代会長となる山岸章が、大阪中電にやって来る。以前から民同の活動家として共産党と対立していた山岸は、全電通が結成されると、一九五〇年には全電通富山県支部書記長になっている。大阪に来ると、五三年に全電通大阪電信支部書記長、翌年には全電通近畿地方本部執行委員、さらに翌年には全電通中央本部執行委員となり、五七（昭和三十二）年には大阪で機械化に伴う人員整理が問題になったため、再び全電通大阪電信支部書記長となった。

山岸は、モールス信号はできず通信の業務には向かなかった。受付と電送写真だけ担当していた。職場では、あまりすることのない人間だった。ただ弁が立つために、組合の中でのし上がっていった。

山岸は前田氏を敵対視し、「前田についていくな。あいつはもうすぐ大学に戻る人間だ」と職場で言いふらしていたという。

公社に抵抗した労働者を切り捨てた全電通

前田氏が、共産党に疑問を感じ始めたのは、「千代田丸事件」である。これは現在でも、会社による業務命令がどこまで有効か、という問題で、労務管理に関する判例として、しばしば取り上げられる。

一九五六（昭和三十一）年、朝鮮海峡にある、韓国と日本を結ぶ米軍海底ケーブルに故障が生じた。まだ、韓国と日本に国交はなかった。故障箇所は、李《イ》承晩《スンマン》ラインより韓国側にあった。当時の韓国の大統領・李承晩が、一方的に日本海・東シナ海に設定した軍事境界線が、李ラインだ。これを越えて操業した日本の漁船は、韓国側によって臨検、拿捕、接収されたり、銃撃により乗組員が死亡する事件も起こっている。

千代田丸は、長崎を母港とする海底ケーブル施設専用船である。電電公社は、修理のための出航を命じた。三月四日に公社は、千代田丸乗組員に対して、いつでも出航できるよう準備をして待機するように命じた。

それに対して、「労働者は命までは売っていない」として、全電通本社支部は千代田丸分会に対して、出航を拒否するよう指令する。

全電通の組織構造は、中央本部の下に各地方本部がある。本社支部は、関東地本の下部に位置する。本社支部の下に、千代田丸分会があった。

ここで、全電通中央本部と本社支部の間に対立が生じる。本社支部が出した出航拒否の指令に対して、中央本部は「組織に予測せざる影響を与え、春期統一闘争全体に重大な支障をきたす」として、出航拒否を撤回するよう指令したのだ。

交渉の結果、本社支部が折れる形で、三月六日、千代田丸は朝鮮海峡に向けて出航した。

ところが五月四日になって、出航拒否を指令したことが、公共企業体等労働関係法十七条（争議行為の禁止規定）に違反するとして電電公社は、全電通本社支部の委員長、副委員長、書記長の三名に解雇を通告したのだ。

全電通は、同年の第九回大会で解雇撤回を求める基本方針を決めた。だがその後、中央委員会は「話し合いで復職をはかる」と軟化する。十二月十日には、全電通本部は「解雇撤回の要求はしない」「平和的な話し合いを行う」との覚え書きを、公社と交わすに至る。

その内容は、一年ないし一年半の間に三名を解雇時の処遇で再雇用する、その代わり、三名は本社支部の役員を辞任する、というものだった。だが三名は辞任せず、五七（昭和三十二）年八月に再び支部役員に立候補する動きを見せた。それを辞退するように全電通本部は指示したが、支部大会は指示を返上した。

全電通本部は「組織統制の見地」から、この三名の組合権はく奪を方針とした。同年九月に開かれた全電通中央委員会では、総数一二六票中賛成六四票で、これが可決された。

解雇された三人は裁判に持ち込み、一九六八（昭和四十三）年までかかって、最高裁で「解雇は、妥当性・合理性を欠き」「無効と解すべき」と勝訴の判決を得ている。

全電通本部による三人の組合権はく奪は、共産党内部でも論議になる。次のような、二つの見解が対立した。

「労働組合が公社から首を切られた者を、さらに組合から除名するのは誤りである。ただちに復権させ、組合として反対闘争を組むべきである」

「目下の情勢で無理押しすれば組合の分裂となりかねない。今は民同との統一の必要な時であり、時期をみて復権をやるべきで今は本社支部提案に反対すべきである」

前者の立場に立った前田氏は、大阪中電の共産党細胞の中で孤立することになるが、各職場をオルグし支持され、執行部提案を否決し本社支部三役支持が決定されることになる。

だがこの過程で、前田氏と他一名は、「離党を勧告する」とまで言われることになる。二人のことは、「トロツキスト問題」として共産党細胞で語られる。当時まだ、トロツキーが何者かは知られていなかった。ただ、裏切り者、帝国主義のスパイ、の代名詞として、共産党内では語られていたのだ。

ちなみに「細胞」というのは、「班」というのと、ほぼ同じ意味である。たとえ弾圧などで上部からの指令が途絶えても、自ら活動を保ち自己増殖する、という意味を込めて、共産党では「細胞」と呼んだ。

前田氏は、その時のことを顧みる。

「まさか自分たちがトロツキストと呼ばれようとは夢にも思っていなかった。ましてや自分たちの主張のどこが誤っているのかなどはおよびもつかなかった。入党して以来の党指定学習文献を読み、組合活動の中で知った理論には、そんな理論はどこにもない。首切られた活動家をさらに組織から放り出すが如き、そんな前衛党が何のためにあるのかと」

前田氏は、疑問を持ちながらも、共産党細胞に身を置いて運動を続けた。

安保阻止の実力闘争に労働者も参加

共産党本体に、激震が走る。共産党本部と全学連（全日本学生自治会総連合）の対立が表面化したのだ。全学連は、文字どおり学生自治の組織だが、活動家は皆、共産党員であった。

一九五八（昭和三十三）年の六月一日、共産党本部は、指導強化に乗り出そうと、全学連大会代議員グループ会議を招集した。冒頭から、議長選出で揉める。一四〇名の学生党員の圧倒的多数は、学生側から議長を選ぶことを求めた。だが共産党本部側は、党の大衆運動部長が議長になることを押し通そうとした。これはこの日、暴力的衝突まで発展したのだ。

六〇（昭和三十五）年の安保闘争に向かって、全学連の独自行動が目立ってくる。五九年十一月二十七日には、全学連と、彼等に同調する労働者ら三〇〇〇名ほどが、国会に突入した。

それを知った前田氏らは「よくやった」と感じたが、共産党機関誌『アカハタ』では、分裂行動として扱われていて、面食らう。今度は彼らに「トロツキスト」のレッテルが貼られる。

共産党を除名された学生党員らは、すでに五八年十二月、ブント（共産主義者同盟）を結成し、別党コースを歩んでいた。

夜働き、昼間は同志社大学で学んでいた前田氏は、自分が誘って入党させた後輩から、ブント結成の話は聞いていた。

入党の頃に読んだ、毛沢東、劉少奇著の『整風文献』

という本の中には、「闘争があって誤りがあるならば、その先頭に立つことによって、誤りを正していけ」という言葉があったのを、前田氏は思い起こす。

それは、前田氏だけの思いではなかったという。

「大阪の労働者の活動家連中は、全学連が過激だというならば、自分たちが先頭に立って、過ちを指摘したらいいじゃないか。それを後ろから罵声を浴びせ、足を引っ張るのは自分たちのやり方と違う、と考えていた」

六〇年一月十六日、岸信介首相は、アイゼンハワー大統領との会見、新安保条約の調印のために、訪米することになった。

社会党、共産党、総評など百数十団体が結集する安保条約改定阻止国民会議は、当初は「羽田空港にいたる沿道に大規模な動員を行って、断乎としたたたかいを展開する」という方針を決定していた。

だがこれが、主に共産党の反対によって反故にされ、羽田から離れた都心でデモをし日比谷公園で集会をする、という行動が統一方針となった。

まだ新幹線のない時代だ。前田氏ら大阪中電の代表団は、一月十五日の夕刻、大阪から夜行列車に乗り込んだ。夜を徹する議論の末、羽田に行くことに決める。

全学連の学生は、七〇〇名ほどが十五日夜、空港閉鎖寸前の隙をついて入り込み、空港ロビーや食堂を占拠し、夜を貫いて徹底抗戦した。

遅れて到着した三〇〇〇名以上の学生は、氷雨の中で、機動隊や右翼との激闘を繰り広げている。そこに前田氏らは合流した。労働組合としては、ただ一本、大阪中電の青年行動隊の旗が翻った。

岸は、裏街道から多摩川の土手を通って、羽田空港に入り、アメリカに向かった。

岸がとっくに飛び立った後の昼過ぎ、日比谷公園で統一行動としての集会が開かれた。

前田氏は、その時のことを記している。

「日比谷公園に向けての全国からの参加者及び地元のデモ隊が雨の中を数限りなく続くのを見た時、何故これだけの数が羽田へ行かなかったのか、とあらためて指導部の無能性、いや不在の問題を感ぜざるをえなかった」

「共産党こそは、あらゆる闘争の先頭に立つ、との概念は、一変にふきとんでしまった」

自動車での軟禁・査問を企てた共産党

一月十七日の『アカハタ』は、岸が「裏通りから泥棒猫の如く」日本を「脱出」せざるをえなかったのは「安保に反対する人民の世論によるものだ」と書いた。

だが、世論の耳目を集めた羽田での闘争は、共産党中央とすれば、統一を踏み外した行動だった。前田氏ら中電細胞は、共産党大阪府委員会から問題視されるに至る。だが前田氏が細胞の仲間たちに尋ねると、羽田に行ったことは正しかった、という意見が大勢であった。

やがて、共産党の地区委員会が三月十六日に査問を行う、という連絡が前田氏に届く。

それより前の三月十三日、五時に会って話がしたいという伝言が、地区委員からある。一時間くらいなら、と前田氏は承諾する。五時というのは、平常勤務者の退社時だ。

前田氏が一階に下りていくと、二人の地区委員がいる。地区委員が口を開く。

「今日はぜひとも君に話がしたいと、地区委員の他に府委員も来ているから会ってほしい」

「話が違う。あなたがた地区委員が、一時間ほど話したいということだったではないか」

「車を持ってきている。君は査問だ。嫌でも連れて行く」

「おかしいではないか。査問は十六日だろう」

「いや是非とも今日だ。十六日では遅い。今日やる。出てくれ」

前田氏が出口に目をやると、トヨペットが横付けされている。府委員や地区委員のほとんどの二十名ほどが、スクラムを組むようにして待ちかまえ、その後ろにも車五、六台が停車していた。

出て行けば、力ずくで車に押し込められ、連れ去られるのは目に見えている。細胞の同志が、危険だ、と窓越しに目で合図を送ってくる。

「勤務状況を見てから行く」

前田氏はそう答えると、地区委員から掴まれていた腕を振りほどいて、エレベーターに乗った。

六階の食堂に、細胞の同志たちが集まっている。軟禁だ。強制査問だ。泥を吐くまで何日でもやるらしい。口々に危惧が語られる。

窓から見下ろすと、まだトヨペットは横付けされ、まるで犯人を逮捕するかのように、彼らは陣形を組んでいる。

細胞の仲間の一人が、彼らのところまで行き、大衆の面前で何をやるのか、と抗議した。実際に、共産党細胞以外の全電通の一般組合員は、「やっぱり、共産党って怖いところね」と囁きあった。

下宿にも押しかけて、どんなことをしてでも捕まえる、という情報があった。

前田氏は、午後九時に局を出ると、その日から、知人宅、友人宅を転々とすることになる。

十六日に前田氏は、共産党からの除名通知を地区委員から受け取った。

車を用意して、身柄を持っていくというのは、警察、あるいは暴力団のやり口であろう。これは、「乗用車事件」と呼ばれることになる。

事件に対する、中電細胞の見解は一致した。

「乗用車事件の思想的あり方はマルクス・レーニン主義とは縁もゆかりもないものであろう。今回の事件によって失われた中電細胞の信頼を回復する適当な処置が出され乗用車事件の府地区の自己批判がない限り、地区・府の指導を認めない」

これを伝えられて、府・地区委員らは顔色を変えたが、なすすべはなかった。

前田氏を含め、三名が除名された。『アカハタ』に、労働者が本名で除名広告を出された第一号だった。それまではSとかKなど、イニシャルでしか載らなかった。当然のことながら、『アカハタ』は誰でも見ることができる。警察の公安担当者も見るのだ。「共産党は何だ、活動家を権力に売るのか」と、職場の仲間たちからも憤りの声が上がった。

中電細胞の一人ひとりは、次々に脱党届けを出した。理由には、「前田の査問のため、機関が直接中電に来て自動車を配置したのは非人道的であり、官僚的である」「共産党は前衛党ではない、とどまるに価しない」「指導に服することができない」「党活動をやっていく情熱と確信を失った」などと書かれていた。

当時、細胞メンバーは一〇〇名を超えていたが、そのほとんどが、共産党を去った。

前田氏は、その時の思いを記している。

「長い党生活をふり返ってみた時、若き熱情は全く党活動にそそがれ、今の瞬間になってもまだ断ち切れない愛着を感じる。だが我々は知った。共産党、前衛党とは我々の一人一人がそうなのであることを。厳密な、最も科学的なマルクス・レーニン主義理論によって武装されたものこそが真の前衛党であることを。それ以外の権威は何者もすべてまやかしである。また理論そのものも我々の一人一人が主体的に実践し、また理論化する以外にありえないことを身をもって知った。いかなる正しい方針であろうと、受けとめる我々が無批判的にそれに従うのは誤りである。必ずそれは自己の置かれている中で主体的に受けとめ、実践に移さねばならない。その意味で今はじめて我々はコミュニストへの道を一歩踏み出したのである」

客観的に見て、前田氏のような党員を失ったことは、どう考えても共産党にとって損失であろう。だが、共産党は自ら、このような得難い人物を切って捨てたのだ。

共産党除名で切り開かれた新しい労働運動

共産党側は乗用車事件を、「トロツキズムとの闘いの一つの戦術に過ぎないものであり、地区党会議の決定が示された現在、下級の意見をあくまでも主張することは正しくない」とする声明を出した。

本書では、労働貴族をテーマに扱っている。だが、党中央の方針を絶対とし、個々の活動家の意志を認めない、共産党の労働運動への関わりにも、どこかそこに通底するものを感じざるを得ない。

これと前後して、東京の港地区委員会は共産党から離れ、多くがブントに合流していった。長崎造船細胞も、除名者たちを中心に長崎社研を結成し、独自の組合活動を始めていた。

前田氏も新しい道を切り開いた。六一（昭和三十六）年秋には、大阪中電内に労研（労働運動研究会）を有志とともに組織したのだ。それまでの経験から前田氏は、「前衛」はあくまでも目的追求のための一過程であり、党そのものが追求目標となる自己完結論との決別を唱えた。

共産党が民衆の信頼を失うに伴って、さまざまな新しい革命党派が生まれ、「新左翼」と呼ばれていた。大阪中電内でも、ブントを支持する者、第四インターを支持する者、構造改革派を支持する者など、さまざまであった。政治次元の問題はおのおのでやってもいいが、職場の労働活動についてはみんなで取り組もう、というのが、労研の立場だった。

前田氏をはじめとした労研メンバーは、全電通大阪電信支部の執行委員にも選出される。執行委員九名のうち、労研メンバーからは、六二年と六三年が二名、六四年は四名が占めた。他は社会党および無所属である。共産党中電細胞が崩壊する以前の六〇年は、共産党員が三名であったが、もはやその姿は執行委員の席にはなかった。

六二年一月には、東京、神戸、四国の賛同者を得て「電通労働運動研究会」が発足、機関紙『電通労研』の発行が始まっている。

六四年には、中電社研（社会主義研究会）も発足する。労研と社研はメンバーが重なり合っていたが、性格を異にした。労研は、全電通における労働運動に活動領域を絞り、組合官僚「労働貴族」の批判に努めた。社研のほうは、政治、平和、文化、労働などあらゆる領域を包括することを目指し、機関誌『社研』には、文学、映画、美術、音楽などさまざまな分野に関しての会員の文章が載った。

両者はリンクしながら、労働運動に新たな息吹を吹き込んだが、彼らは社会党に合流し、以後近畿民同派の中心となっていく。

共産党は六四年、四月に計画された公労協半日ストライキに対して、「賃金一本で独占資本と対決するようなやり方」と批判して、スト中止を呼びかけた。さらに労働者たちからの信頼を失うことになる。

前田氏は、単産を束ねる大阪総評（日本労働組合総評議会）の青年部の役員にもなっていた。


一九六五年二月七日より、ベトナム民主共和国（北ベトナム）への爆撃をアメリカが開始し、ベトナム戦争が本格化する。日本にある米軍基地から、ベトナムに向けて爆撃機が飛び立っていく現実を、目の当たりにすることになる。

総評もベトナム反戦を掲げ、一九六六年十月二十一日に、ベトナム反戦統一ストライキを行った。四八単産（産業別単一労働組合）約二一一万人がスト参加。九一単産三〇八万人が職場大会に参加する。

六〇年に全学連が羽田で行ったごとく、さまざまな現地実力阻止闘争が行われる。全学連は、共産党の独占物ではなくなっていた。新左翼と呼ばれるさまざまな革命党派が、大学のそれぞれの自治会執行部を担い、課題によって共闘し、三派全学連などと呼ばれていた。

米軍・砂川基地の拡張阻止闘争の応援に行った組合員から、前田氏は「反戦青年委員会という運動が始まっている」と聞く。

「なぜ青年部として活動できないのか？　労働運動の青年部が十分能力を果たせていないのではないか？」と前田氏は疑問に思った。

「反戦青年委員会」とは、正式名称は「ベトナム戦争反対・日韓批准阻止のための反戦青年委員会」だが、社会党や総評の青年部が中心になって作られていた。

しかし、すぐに労働運動の流れが変わってきていることに気づく。それまでの労働運動は、電通、市職、国労、全逓など大組合が中心だった。組合のない中小企業の労働者や、組合があっても組合動員ではなく独自に運動に参加してくる労働者が増えていたのだ。

そこで、「関西地区反戦連絡会議」が結成され、さまざまな現地実力阻止闘争に参加する。

学生たちはすでに、ヘルメットを被り手に角材を持ち、機動隊と対決するというスタイルを取っていた。

労働者の部隊がヘルメットを被ったのは、六八（昭和四十三）年一月の佐世保でだった。ベトナムに向かう戦闘機を満載した、米軍の原子力空母エンタープライズの入港阻止を目的とする闘争においてである。

学生たちは、党派によって、赤、白、青などそれぞれ色を塗ったヘルメットを被っていた。当初の労働者はそうではなかった。

「配達員のヘルメットをかぶったり、工事現場の安全帽を被っていた」と前田氏は語っている。

六八年は、四月初旬の王子野戦病院開設阻止闘争、四月下旬の国際反戦・沖縄連続闘争、六月のアスパック粉砕闘争などで、ヘルメットを被った労働者たちが、反戦青年委員会の隊列で登場した。

安保闘争に結びついた職場労働運動

ベトナム反戦運動の高揚は、労働運動全体にも影響を及ぼした。六九年春闘で、全電通は基本給一律一万二〇〇〇円増額を中心とする諸要求を掲げた。公社側は「五パーセントを下らない賃上げに努力する」という回答を譲らなかった。そのため全電通は四月十七日、公労協、交通共闘などの統一ストライキに加わり、全国八拠点局で午前十一時までのストライキを行った。

これに対して公社側は、例年にない強硬な態度を取った。管理者を動員してストライキ破りを行おうとしただけでなく、ピケットによる就労妨害の排除のために、警察の出動を要請したのだ。

大阪中電では、局所内でのデモ、シュプレヒコール、職場集団交渉などが、青年労働者を中心に行われた。彼らには、この春闘は七〇年安保闘争の帰趨を決する、という思いが漲っていた。

春闘の高揚に対して、電電公社は五月二十九日、懲戒処分を発令した。全国で停職一三八名、減給六六名、戒告一四二六名、計一六三〇名に及んだ。

職場の労使関係には、緊張が走った。懲戒処分発令の翌日、大阪中電では、処分に関する「話し合い」を拒んだ課長を、二名の組合員がエレベーターに押し込んで屋上に連れ出し、殴打を加えるという事件が起きた。

この二名を公社側は七月四日、停職六ヵ月の懲戒処分に付す。

処分の撤回を求める動きも生まれたが、全電通大阪電信支部での職場討議では、「正当な組合活動に対する弾圧として受けとめることはできない」という内容の意見が、それを上回った。

処分撤回を求める者たちにも、微妙な意見の差異があった。一つは、暴力は正当なものであり処分は不当、というもの。もう一つは、暴力については運動内部で批判するべきで、公社の処分には撤回を求める、というものだった。

そのような大阪中電での細かな分岐を孕みながら、全電通全体の意気は上がっていった。七月八日〜十二日に開催された、全電通第二十二回大会では、「秋から来春にかけて、本物のストライキ態勢を作るために全力をそそぐ」という方針が決定された。安保闘争を念頭に置いた方針である。

九月になると、大阪中電内のブントと社青同の活動家を中心に、中電スト実（大阪中電ストライキ実行委員会）が結成される。十月二十一日の国際反戦デーに、中電でマッセンストライキを行うという方針を立てられる。

マッセンストライキとは、ポーランド生まれでドイツで活動した女性革命家、ローザ・ルクセンブルグが提唱していたものだ。工場・職場の労働者による政治的なストライキのことである。

中電スト実によるビラから抜き書くと、一九六七（昭和四十二）年一〇・八闘争以来、「自らを暴力として権力に対峙させる」闘いを切り開いてきた学生、労働者とともに「妥協のない闘い」を「生産点」において開始し、「職場からの労働者の総反乱をつくりあげ」るというのが、マッセンストの意義ということになる。

マッセンストは、さまざまな職場に呼びかけられた。JRの前身である国鉄の国鉄労働組合、東京都庁の東京都労連などで検討されたが、実現は難しい、ということになった。

いわゆる反戦派の労働者の中でも、ねじれが起こる。九月十五日に大阪電通労研の総会が開かれ、中電マッセンストの方針が示された。しかし、肝心の中電労研の大多数が方針に反対し、激論になった末、退場してしまったのだ。

労研を脱退したことで、電信反戦行動委員会を名乗ることになった彼らは、「本来の意味の内発的な労働者大衆の戦闘的なエネルギーの爆発としてのマッセンストライキとは正反対に、下部労働者大衆の圧倒的多数の意志とはまったく無関係に多数の外人部隊を動員して労働者の就労を力ずくで阻止する、というまったく絶望的な方針」だと、反対の見解を表明している。

これを革命党派では、第四インターが支持した。マッセンスト実現を主導していたのはブントであったから、党派による戦略戦術の立て方の違いが露わになった、とも言えるだろう。

日本共産党は十年一日のごとく、「トロツキストによる危険な挑発」とレッテルを貼った。

実現された大阪中電マッセンストライキ

十月二日正午過ぎ、大阪中電七階の職員食堂で、赤ヘルメットを被った中電スト実メンバーが、明日からストライキに入る、とその場にいた組合員に向かって演説した。

翌日の朝にかけて、局舎の外周、および防潮堤に「中電スト貫徹」「佐藤訪米阻止」などのスローガンがペンキで大書きされた。三日午前八時頃には、赤ヘルメットを被ったブント活動家約三十名が現れ、「安保粉砕！無期限スト」「中電マッセンスト　北大阪制圧」と書かれた大看板を玄関前に建てた。中電スト実メンバー四名を含む十数名が玄関前に座り込んだが、警察が介入するという情報で、午後一時頃に退いた。

十月四日に公社は、部外者を立ち入り禁止にし、職員には職員証の提示を求めた。通信局、施設所からも応援を求めて、玄関前には管理者十名ほどが立ち、敷地内でのビラ配布なども規制した。

十月七日には、職員の身分を持つスト実のメンバー二人も、「就労の意思が認められない」との理由で、立ち入りが禁じられた。だが、他の二人のメンバーによって、昼食時の職員食堂でのアジ演説は連日続けられた。

マッセンストに反対していた電信反戦だが、スト実を見殺しにしたくない、という心情で、二名の組合員が年休を取り、十月八日から玄関前での座り込みに入った。

全電通近畿地本は、管理体制の強化に抗議する申し入れを公社に対して行う一方、マッセンストは全電通労働組合とは無縁のものである、とする声明を出す。そこには、マッセンストを行っている組合員には、「断固たる組織統制を行わざるを得ない」とまで書かれていた。

たった四名のスト実だが、孤立していたわけではない。昼の職員食堂でアジ演説を始めると、「集会禁止」を通告するために労務課の職員がやってくる。だが居合わせた組合員から「労務帰れ、ナンセンス！」の罵声が飛びせられ、引き下がることになった。スト実メンバーの演説には拍手が送られ、わざわざその時間に聞きに来る組合員も多かった。

マッセンストに賛同するわけではないが共感を寄せる、という青年労働者は少なくなかった。屋上で行われる集会には八十名ほどが集まり、庁内でのデモも行われた。これらの行動に対して、公社が警告したのはもちろんだが、組合支部役員からも中止するよう指示があった。

十月十四日、スト実のメンバー二名に対し、懲戒免職処分を公社は発令した。「集会、座り込みおよび演説などを行い『10・21大阪中電マッセンスト貫徹』などを主張、業務の正常な運営を妨げ、また妨げることをあおるなど、会社秩序を著しく乱す行為を行った」というのが理由である。

十月十七日、懲戒免職を受けた二名が、退職手続きを執りたいと申し出た。大阪中電六階の労務課交渉室に迎え入れられた二人は、庶務課長を追い出し、交渉室を占拠した。窓から「中電マッセンスト貫徹　北大阪制圧中央権力闘争貫徹　労務封鎖中」の垂れ幕が垂らされる。窓ガラスには「中電解体」の文字がラッカーで吹き付けられた。当局は、天満署に出動を要請、警官隊が駆けつけた。警官が見守る中、局職員の手で封鎖は解かれた。

その時のことを、前田氏は語る。

「労務課の係長含めて五人が、警官の前に立ちふさがって言うんだ。『同じ釜の飯を食った仲間だ。私たちの前で、逮捕しないでくれ。逮捕するなら、出てってからにしてくれ』ってね。それで彼らは、庁舎の外に出された。すると、天満署の公安係長が泣き顔で来て言ったよ。『不法占拠は現行犯逮捕じゃないとできない。外に出てきてしまったら、現行犯じゃないから逮捕できない』と。本人たちは逮捕を覚悟してたから、その場でうろうろしてた。逮捕されないと分かって帰ったよ」

十月二十日正午前、残ったスト実のメンバー一名が職員食堂に現れ、「一〇・二一闘争への決起を呼びかけて、屋上で集会を開こう」と提案した。屋上には組合員十数名が来て、集会が開かれた。管理者も約二十名が来た。

十二時半頃、スト実メンバーは、一人で屋上のクーリングタワーに登り、「マッセンスト貫徹」の垂れ幕を垂らし、アジ演説を行った。警告を繰り返す管理者に、「登ってきたら火炎瓶を投げるぞ」と言った。

やがて、火炎瓶は屋上に投げつけられた。怒りの象徴としての火炎瓶は、一メートルほどの炎と黒煙を上げたが、誰をも傷つけることはなかった。駆けつけた警官がクーリングタワーに登り、彼を逮捕した。

これが、中電マッセンストの顚末である。一人は逮捕され、他の三名も懲戒解雇となった。

スト実メンバーは実質四名であったが、十月三日に出された「ストライキ宣言」は何らかの配慮か三名の連名となっている。そこには、次のように書かれていた。

「われわれの闘いがどのような意味で抹殺されようとも、資本家から抑圧された労働者階級の連続的な苦闘と精神を代表し、又、分け合っていくという歴史的な広さと深さを形成していくであろうということと、輝かしい社会主義社会の建設を展望するが故に、我々三名の苦闘と、三名という数の少数さは問題ではあり得ない」

政府の意を受けた総評右傾化に抵抗

実現されたマッセンストライキは、周囲の労働者たちに、少なからぬ影響を与えた。マッセンストに反対していた電信反戦のメンバーの一人は、「結局は傍観者としての立場しか取り得なかったことに、世間に顔を出すことができないというほど落ち込んだ」と、述懐している。

十月二十一日には、午前七時から大阪市北区の扇町公園で、「安保廃棄」「ベトナム戦争反対」「佐藤内閣打倒」などのスローガンが掲げられた反戦集会が開かれ、電信支部、大阪市外などの約三〇〇〇名の労働者が参加した。

大阪電信支部の約四〇〇名は、ゼッケンを付けたまま大阪中電まで出勤デモを行った。彼らはそのまま、局舎内外で集会、デモ、座り込みを行い、ヘルメットの部隊を含めて御堂筋をデモ行進した。

そのまま、午後六時から開かれた大阪総評主催の「安保廃棄・沖縄奪還・ベトナム侵略反対・10・21国際統一行動大阪大会」に参加した。

全電通本部は、犠牲者扶助の適用外という条件で、大阪中電のストを容認した。この日の独自行動に参加したのは、非番者以外は、当局に休暇請求して拒否されてなお参加した者で、「無断欠勤」扱いとなった。後日二〇〇余名が賃金カットの処分を受けた。

屋上のクーリングタワーに登って逮捕された一名は、起訴されて裁判になった。そこに証人として、当時の全電通副委員長、片山甚市氏が出てきた。その内容を聞いて、前田氏は驚いた、と言う。

片山氏は、こう語ったのだ。

「本来、この被告席に座らねばならないのは彼ではなく、私なんです。私たちは昨年の全電通大会で、ストライキを決めました。彼らはストライキを実行したが、私たちは実行しなかった」

これまで見てきたように、マッセンストに対して全電通本体は、組織統制をかけると予告するなど、なかば公社と一体になる形で規制しようとしてきた。

前田氏は語る。

「組合官僚の親玉の片山が何を言っているのか、と私たちは皆びっくりした。そこで初めて、いわゆる右派であっても、労働者に基盤を置くのと、そうでないのとで対応が違ってくるのが分かった」

電電公社の民営化の話が進んでいた時には、参議院議員になっていた片山氏が、大阪中電の大会に来て挨拶をした。

「公共事業を民営化するのは、社会的インフラを壊滅することで、国賊のやることだ。私は、これに反対しろ、何だったら組合を脱退しろと言ったが、そういう人は誰も出てこなかった。中電は伝統があるんだから、みなさんはがんばってくれ」

一九八〇（昭和五十五）年九月三十日、総評、同盟、中立労連および無所属の民間労組の代表による労働戦線統一推進会が発足した。一九八九（平成元）年の連合（日本労働組合総連合会）結成に至る端緒である。

総評傘下の全電通中央も、これまで見てきたように、きわめて公社の意向に沿った組合運営を行ってきた。

だが同盟（全日本労働総同盟）は、明確に労使協調を打ち出し、「左右の全体主義に反対する」としながら、共産党と対立していた。安保やベトナム反戦を課題にしてストライキを行うなど、夢にも考えない御用組合のナショナルセンターである。

同盟と合流することになれば、総評のさらなる右傾化は避けられない。これに対抗しようと、太田薫、市川誠、岩井章らの総評三顧問の呼びかけで「労研センター」が結成された。前田氏もこれに連携して、右傾化に抗していくことになる。

一九八五（昭和六十）年四月、日本電信電話公社は民営化され、ＮＴＴ（日本電信電話株式会社）となった。

民営化に反対していた全電通は、八四（昭和五十九）年に徳島で開かれた全国大会で「民営化賛成・分割反対」に変わっていた。

その時の全電通委員長が山岸章である。

前田氏が、その時の事情を語る。

「その時の夏になってからだが、全電通の機密会議資料が手に入った。それによれば山岸は、新自由クラブ事務局長の山口敏夫の仲介で、自民党幹事長の金丸信に会っているんだ。そこで、民営化と人員削減に合意しているんだ」

後に連合初代会長となり、勲一等瑞宝章を受章する山岸だが、この時から、政権党の直接の意を受けて動いていたのだ。

「全電通を辞める！」

大会の壇上で、事情を明らかにしたうえで前田氏は宣言し、退場した。

民営化という機を捉えて、前田氏は職場の仲間とともに、電通合同労組を結成した。マッセンストでは意見が分かれた反戦派労働者が一つになり、中心となった。

全電通は、ＮＴＴ労働組合となった。

一九八九（平成元）年に、総評と同盟、そして新産別（全国産業別労働組合連合）、中立労連（中立労働組合連絡会議）が合流して、六七六万人の組合員を擁する、巨大なナショナルセンター、連合が結成される。

同年、それに対抗して、日本共産党を支持する組合が、八九万人の組合員を擁する、全労連（全国労働組合総連合）を結成した。

日本共産党がいかなるものであるかは、これまで折に触れて述べてきたとおりだ。前田氏らは、どちらにも行くわけにはいかなかった。

電通合同労組は、国労、都労連、鉄産労（鉄道産業労働組合）などとともに、組合員十四万人の全労協（全国労働組合連絡協議会）を結成した。

経団連が相手でも労使対等は揺るがない

少数派の組合である電通合同労組には、ＮＴＴは容易

パンフレット『全労協 20 年の歩み』

に交渉に応じようとしなかった。

　前田氏は語る。

「交渉は、ＮＴＴ西日本が相手になる。行ってみると、管理職の他に、会社のラグビー部や野球部の連中がピケを張っている。こちらは五十人ほどで行ったけど、跳ね返されてどうやっても門の中に入れなかった。他の組合や、京大や同志社の学生たちに応援に来てもらった。座り込んでいる奴らを一人ひとり引きずり出した。騒動を聞きつけて大阪府警が来た。『うちらは労働組合で団体交渉権があるんや。ピケなんか張っとるほうがおかしい。労使問題に介入するなよ。おまえら』と言ったら、黙って見ていた。それで入っていって、団体交渉した。その後、大阪府の労働委員会からも正式に、団体交渉に応じよと命令が出た」

　職場にパソコンが入ってきた頃である。視力に影響が出るので、ディスプレイを見続ける仕事の場合、一定時間ごとに休憩を取るようにする。そのような労働条件の改善も団体交渉で勝ち取った。それは、すべての労働者に適応される。ボーナスが出た時など、組合員以外からもカンパが集まった。

　小さな組合ながら、労働者の権利を勝ち取っている電

通合同労組は、ＮＴＴ労組の幹部からも無視のできない存在になっている。

「たとえ一人が職場で飛ばされても、黙っていない。間違いには一人でも追及する」

労使は対等である、という原則は曲げることはできない、と前田氏は言う。

前田氏が、全労協の副議長であった時、東京の経団連に抗議に行った。経団連会館前は、ガードマンが並んでいて中に入れない。抗議文を読み上げて、それをガードマンに渡していこう、ということになりかけた。

だが前田氏は、ガードマンに対して「開けろ」と言った。

「無理に入るなら、不法侵入で逮捕します」とガードマンは答えた。

「それなら、警察に言え。私は経団連に抗議文を持ってきたんだ。受け取るか否かは経団連の職員がここに来て言え」

前田氏がガードマンを押しのけて中に入ると、みなも続いて入っていった。あわてて出てきた経団連の管理職が、「これ以上しないで。お願いします」と抗議文を受け取った。

全労協本部に、警視庁丸の内署から電話がかかってきた。「今後ああいうことやったら、機動隊を出す」という警告だった。

「前田さん、東京で大阪方式をやらないでくれ」

全労協本部の幹部からも泣きつかれてしまった。

大阪のほうが当たり前だ、と前田氏は言う。労使対等は、経団連が相手でも同じだと。

電通合同労組は、時代の変化の中で、新たな役割を果たしている。ＮＴＴでは、五十歳になった労働者を全員一律に退職させ、賃金を三割カットして子会社で再雇用するという制度を二〇〇二（平成十四）年から始めていた。

その中で、五十歳を過ぎて組合に入ってくる者が、電通合同労組では増えた。

「交渉の時に、応援を送ってバーッとテーブルに押しかけたら、所長をつるし上げているのは、今までその職場にいた連中だ。みんな、びっくりした。ところが彼らは意気揚々としてやる。ＮＴＴの職場でも、うちの組合員が一人でもいる職場は雰囲気が違う。会社の思うとおりにはいかない」

ＮＴＴは、現役世代の人件費上昇を抑制し、六十五歳までの継続雇用を可能とする賃金制度を二〇一三（平成二十五）年秋から導入することを、二〇一二年に決めた。

前田裕晤氏は、二〇一一年に全労協の副議長を退任し、大阪全労協の顧問となった。前田氏が作り上げた労働運動は、今も強く息づいている。

スト権もない産経労組に対して、結成された新たな労組

確かに、どこの労働組合もストライキをやらなくなった。だが民間企業の労組であれば、ストライキ権そのものは持っている。日本国憲法第二八条に、勤労者の団体行動として保障されている。

ストライキ権そのものを、事実上、放棄してしまったのが、産経新聞社とその子会社の日本工業新聞社などの従業員で組織された産経労働組合である。スト権もないのでは労組とは言えないとして、かつての同盟からも加盟を断られた。

これまでも折に触れて述べてきたとおり、同盟は、労使協調を旨とする御用組合のナショナルセンターであった。そこからも加盟を拒否されるほどのウルトラ御用組合が、産経労組なのだ。

スト権の放棄は、産経労組が会社と結んでいる労働協約の第十四条に「労使間の問題は、すべて話し合いによって平和のうちに解決し、争議はしない」と明記されている。

労働協約には、他にも驚くべきことが記されている。第二条には「執行委員長は、産経新聞社取締役会に出席する」、第三条には「会社は、組合代表（専従役員に限る）を経営協議会の構成員とする」、第四条には「会社は、執行委員長（代理のときは専従役員に限る）を定例局長会議の構成員とする」とある。

労組の委員長が、会社の経営陣の一員となっているのだ。これではもはや、労組法に照らして、労働組合とは言えない。

労働者の意見を代表するまともな労組を作ろう、ということで、一九九四（平成六）年一月、産経新聞グループを軸とするマスコミ合同労組の「反リストラ産経労」（労働組合・反リストラ・マスコミ労働者会議・産経委員会）が結成された。だが経営側は、委員長となった松沢弘・日本工業新聞社論説委員を、労組結成直後の二月に、東京本社から追放して、支局員が一人しかいない同社千葉支局に不当配転したうえ、同年九月に懲戒解雇するという、典型的な組合つぶしの不当労働行為をしかけた。

〇九（平成二十一）年、連合は、このウルトラ御用組合、産経労組を受け容れている。産経労組を中心とする産経グループ労組連合会（新聞制作、印刷、発行）は、連合傘下の最大の単位産別、ＵＡゼンセン同盟（全国繊維化学食品流通サービス一般労働組合同盟）に加盟したのだ。

ＵＡゼンセン同盟は二〇一二（平成二十四）年、日本サービス・流通労働組合連合が統合し、ＵＩゼンセン同盟から改称された。繊維、アパレル、化学工業、工業、食品、流通、サービスなどの産業分野が中心であり、新聞社は異色、産経労組のみである。

新聞社の単位産別労組としては、新聞労連（日本新聞労働組合連合）があり、朝日、毎日、読売、日経、共同通信などをはじめとして、地方紙や業界紙などの労組が加盟している。連合などのナショナルセンターには属していない。

連合はすでに述べたように、結成以来の長い時間をかけて、同盟が総評を呑み込む形で、労使同体化が進んできた。産経労組をも受け入れたということは、残ったパズルの一片がはめ込まれたような、象徴的な出来事だ。

産経労組がスト権を放棄したのは、一九六〇（昭和三十五）年のことである。今では完全に御用組合になり果てた、東芝労組や日立労組などはまだ、安保反対のデモに隊列を送り出し、他の労組も盛んにストを繰り返していた頃だ。

反リストラ産経労を起ち上げた松沢弘氏は語る。

「産経労組こそ、財界が企業支配の道具として労働組合を使うということの先行的モデルになっている」

産経新聞のルーツは、一九一三（大正二）年に創刊された、『南大阪新聞』（一九四二年創刊の『大阪新聞』の前身）である。小学校卒の学歴の前田久吉が、新聞販売店の手伝いを始め、経営を任され、数年で取り扱い部数を十倍に増大、南大阪でも指折りの新聞販売店になる。その勢いで、自ら新聞を発刊したのだ。

その後、一九三三（昭和八）年に『日本工業新聞』を創刊。同紙を発行する日本工業新聞社は、一九四二（昭和十七）年に、政府の戦時新聞統合令で、愛知以西の産業経済関連の三十三の新聞社を合併して『産経新聞社』となる。『日本工業新聞』は停刊となるが、一九五八（昭和三十三）年、復刊される。

一九五五（昭和三十）年、東京に本格進出し、産業経済新聞東京本社を設立する。

その頃の産経労組は、新聞労連でも最左派と言われる戦闘的な労働組合であった。

だが会社が、東京進出そのものに資金を費やしたことや、東京タワー建設に手を出したことから、経営が傾いてしまう。

五〇年代の各社の新聞は、反体制的な論調で埋め尽くされていた。政府・財界は、経営的に傾いていた産経に目を付けて、自分たちの主張を浸透させる機関にしようとした。

そして、一九五八（昭和三十三）年、財界から新社長として送り込まれたのが、水野成夫という人物だ。極めて興味深い経歴を持っている。

東京帝国大学法学部在学中から共産主義運動に親しみ、一九二六（大正十五）年に日本共産党に入党。所属した産業労働調査所は当初赤字経営であったが、黒字に転換させるなど経営の才を見せている。一九二七（昭和二）年、日本共産党代表として、コミンテルン極東政治局に派遣、中国で武漢国民政府の樹立に参画する。一九二八年の帰国後、治安維持法違反容疑により全国で行われた一斉検挙「三・一五事件」で投獄され、転向を表明する。出所後の一九二九年、天皇の下での共産主義運動を標榜する日本共産党労働者派を結成するが、支持者は増えず運動は消滅する。

その後は翻訳家としてフランス文学の紹介に努めた。アナトール・フランスの『神々は渇く』『舞姫タイス』などを訳して、高い評価を得ている。

戦時中は、軍部と結びつく形で実業家の才を開花させ、「国策パルプ」「大日本再生製紙」の開業に関わる。

戦後の一九四六（昭和二十一）年、経済同友会幹事となる。戦後の労働運動では、共産党の主導する産別会議が猛威を振るっていた。共産党幹部にまで上り詰めた経験のある水野は、労働対策を担当し、自らの経験から得た知恵を遺憾なく発揮し、財界の信頼を得る。

水野は一九五六（昭和三十一）年、文化放送の社長となる。文化放送は、「真善美の理想と正義、人道を基調とした健全な民主主義思想の普及」などの理念を掲げていたが、政府、財界から見ると、反米・左派的な放送内容であった。

これに水野はメスを入れた。「良心的」とされるドラマ番組や探訪番組を打ち切り、娯楽番組中心へと編成を変えた。政府を批判する番組を禁止し、財界人を紹介する番組へと差し替えた。そのために反対者を配転し、労働組合に圧力を加えた。

労組委員長を経営陣に入れて取り込む

産経にやってくると水野は、冒頭に紹介した、スト権を放棄する労働協約を組合に呑ませてしまう。どんな企業でも、労働組合を御用組合に作りかえていくのには、数十年の歳月をかけている。それをアッという間に成し遂げてしまったのは、その経歴のなせる技だろう。

スト権を放棄させたのもすさまじいが、「委員長は産経新聞社の取締役会に出席する」として、組合幹部を経営陣に取り入れてしまう提案も大胆だ。御用組合化した幹部なら、どうということもないが、それまでは闘う組合だったのだ。それで組合を取り込める、という自信が水野にはあったのだろう。

現在の御用化した組合でも、委員長を経営そのものに参画させているという例は見あたらない。賃上げなどを、団交によらず労使の協議会で決めているところがほとんどだが、あくまでも会社が上に立っている。

経営に参画できるということが、委員長にとって魅力的であったことは、想像に難くない。それで「平和協定」とも呼ばれる労働協約を呑んでしまったのだ。これで産経労組は、新聞労連を脱退した。

この時の産経労組の委員長はさしずめ、労働貴族の第一号といったところか。

もちろん、それをよしとせず、抵抗する組合員も多かった。松沢氏は語る。

「従わない組合員には、本人にとって不本意な配転をどんどんやる。記者は営業に、営業マンはド田舎の支局になどという形で。生活を破壊し、仕事を奪うことで、辞めていかざるをえなくする。そうすると自己都合退職だから、会社は退職金をほとんど払わなくて済む。非常に安上がりな形で首を切っていく。もちろん裏で強烈な退職干渉をやっていた」

九〇〇人もの労働者が退職に追い込まれたこの時期のことは、「産経残酷物語」として、マスコミ界で悪名が語り継がれており、当時の支配体制は「水野天皇制」と呼ばれている。

六八（昭和四十三）年、水野に変わって、日経連（現・日本経団連）専務理事出身の鹿内信隆《しかない》が社長に就任する。彼は、一八〇〇人の要員調整と大幅賃下げを内容とする「刷新三ヵ年計画」を提示し、産経労組に呑ませてしまう。やはり、本人の意に沿わない配転で自己都合退職に追い込むなどというやりかたで、二年間で八〇〇人が職を奪われた。

この時に鹿内は、産経労組の委員長を、産経新聞の監査役に就任させている。監査役とは、取締役及び会計参与の業務を監査する機関であり、役員そのものだ。

現在も、産経労組の委員長は、編集局長、営業局長、販売局長らと並んで、局長会の構成員になる。局長会は、実務の最高執行機関だ。つまり、産経労組の委員長は経営者そのものになっている。

実際に、労組の委員長や書記長は、産経や『日本工業新聞』などの社長であるかのように、組合の執行委員に対して、「もっと売れるようにしろ」と発破をかける。まるで、二重の経営体制があるようなものだ。

委員長はリタイアすると、労組対策を主な任務とする総務部長、総務局次長、総務局長と昇進してゆくケースが多く、文字どおりの経営陣となり組合問題などの指揮を執る。その後は、関連会社の常務や専務などになって、生涯安泰に過ごすのが、よく見られるケースだ。

産経労組役員の労働貴族ぶりと比べると、一般の社員＝組合員の窮状は悲惨だ。労働協約には、「昇給および賞与は考課査定とする」（二十条）と明記されている。六〇年から成果主義賃金が取り入れられていたのだ。だがそれも、成果に基づいて査定されるとは限らない。上司の一存で決められるのだから、嫌われた部下はマイナス査定されるということになる。論理的には、給料もボーナスもゼロとすることも可能なのだ。

松沢氏は述懐する。

「私は、朝日、毎日、読売、日経などの経済記者に負けずに、それなりに仕事をしたつもりですが、産経労組執行部への反対活動をやっていたから、マイナス査定を何度かされ、昇格は同期で一番遅い。組合内のことに本来会社は関与すべきではないのだけれど、産経労組執行部は会社そのものだから、それに反対するということはマイナス査定になる。裁判になってから、私の元部長だった人が、松沢は、こんなに仕事しているのに、こんなに成績が悪くて驚いたという陳述書を書いてくれた。給与が人並みに欲しければ、産経労組執行部に反対することはできない、という構造になっている」

松沢弘氏

スト権、団結権を持つ新組合が起ち上がる

産経労組執行部に抵抗しようとした者は、六〇年代後半にもいた。会社と一体の産経労組で、執行委員は会社が決めるのが常だ。それに対抗して、組合員に押されて執行委員に立候補した者がいたのだ。選挙になったが勝つことができず、名古屋に配転されて生活の基盤が奪われた。それだけでなく、彼を応援した者もすべて、支局に配転された。明らかな不当労働行為が、公然と行われたのだ。

松沢弘氏は、七一年（昭和四十六）にフジサンケイグループの日本工業新聞社（現紙名・フジサンケイ ビジネスアイ）に入社すると、すぐに産経労組のウルトラ御用組合ぶりに気づき、仲間たちと「月曜会」という研究会を始めた。

松沢氏は産経労組内で反対派として活動し、産経労組の職場委員、大会代議員、個別労使協議会組合側委員などのポストも歴任した。七六（昭和五十一）年に鹿内信隆産経新聞社社長が打ち出した、一八〇〇人もの要員調整（八〇〇人が退社）と大幅賃下げを迫る「刷新三ヵ年計画」では、職場から推されて産経労組の大会に代議員として参加、計画への実質的な反対の意思表示となる五人の保留票を取りまとめた。八五（昭和六十）年に起きた、日本工業新聞社所属の産経労組員のみに夏季一時金を減額する「ボーナス格差事件」では、松沢氏と志を同じくする日本工業新聞社選出の産経労組大会代議員二名が、格差を容認した執行部方針に反対する票を投じた。産経労組大会での反対票は三〇年ぶりと言われた。

松沢氏は職場での信頼を得るためにも、仕事に励む。化学、繊維・紙パルプ、エネルギー、通産省、大蔵省、日銀、電機、鉄鋼といった経済記者としてのコースを辿り、スクープも数多くものにして、部次長（産経労組員）としてデスクを務めるようになる。

九一（平成三）年二月、経営側と松沢氏の対立が生じる。産経新聞社から天下ってきた編集局長が、エネルギー・化学・鉄鋼業界の担当デスクであった松沢氏に、建設業界担当のデスクへの配転を命じたのだ。「湾岸戦争の最中であり、関西電力の原発事故なども含めて、重大な局面にあるエネルギー情勢などの取材の継続性が損なわれる」と、松沢氏は反対する。一旦はこれが認められたが、二ヵ月後に再び経営側は配転を命じてきた。これを拒んだ松沢氏に対して、経営側は、わざわざ、論説委員会に編集委員というポストを新設して、労組仲間のいる編集局から追放してしまった。

産経による『日本工業新聞』への支配強化に怒り、九一年六月、松沢氏は産経労組の大会代議員に立候補し、職場の正式候補として推薦される。会社側は、産経労組の元執行委員らを対立候補に立て、本格的な選挙戦となった。選挙では、管理職が組合員を投票に駆り出し、会社側候補への投票を指示するなど、露骨な干渉が繰広げられ、松沢氏と、その仲間は、当選できなかった。

選挙戦からわずか八ヵ月後の九二年二月、経営側は、無理やり、松沢氏を論説委員にする。産経の労働協約は極めて不思議だ。産経労組の委員長は取締役会に出席し監査役までするというのに、論説委員は非組合員となるのだ。当初、松沢氏は「産経労組員として残る」とこれを拒否したが、「それなら懲戒解雇だ」と宣告され、やむなく論説委員となる。『日本工業新聞』には社説もなく、仕事らしい仕事もない。

産経労組内での反対活動に限界を感じた松沢氏は、九三年に打ち出された、日本工業新聞社の大規模なリストラ計画に反対するため、職場の仲間たちと共に、九四（平成六）年一月十日、新たな組合「労働組合・反リストラ・マスコミ労働者会議・産経委員会」を結成する。スト権、団体交渉権を持つ、まっとうな労働組合が産経グループ内に誕生したのだ。これには、時事通信社の記者たちも加わり、マスコミ界初の合同労組となった。

二月一日、新たな組合の機関紙『予兆』が、東京・大手町のサンケイビル内で撒かれた。五階の日本工業新聞社、三階の産経新聞社編集部、二階の『夕刊フジ』編集局と回っていくと、次々と手を出す社員たちによって、吸い込まれるように機関紙はさばかれていく。

「新聞業界〝屈指〟の低賃金と超過密労働、批判精神を忘れ去った紙面。マスコミ労働者としての最低限の誇りさえ奪われた忍従のクビキを断ち切り、歴史の大激動の中で、今、再出発の時がやってきたのだ」

機関紙に記された宣言を見て、「頑張ってください」と声をかける社員も多い。

だが、これにあわてた日本工業新聞社の役員が現れて、受け取った社員の手から機関紙を奪って回った。抗議すると「ビラが落ちていたのでクズカゴに入れただけ」と居直るありさま。言論の自由を忘れ去った、醜悪な新聞社の本性をあからさまにしたのだ。

その日、会社は、松沢氏に千葉支局長への配転を発令した。『日本工業新聞』の千葉支局は、新聞の拡張を業務とする販売・開発局の下部組織であり、専任支局長というポストはそれまでになかった。松沢氏を不当配転するために、わざわざ新設したのだ。支局員も一人しかいない形ばかりの支局だった。

これには、いくつかの意図がある。「支局長は管理職で、会社の利益代表だから、組合員の資格がない」、と主張するため。本社の仲間たちから引き離すため、である。そして、健康にすぐれない母と兄を支えるために、松沢氏は、神奈川県横浜市の金沢文庫にある実家から通勤せざるをえない。往復の通勤時間は五時間にもおよび、組合活動に割ける時間はほとんど奪われることになる。

この不当配転の撤回、団体交渉の開催などを求めて、新組合は都労委（東京都地方労働委員会）に不当労働行為の救済申し立てを行った。都労委への出席のために、松沢氏が正規の手続きで取った有給休暇を、後になって無断欠勤扱いにするなど、会社はありとあらゆる妨害を行った。

そして、九四年九月二十二日、会社は松沢氏を懲戒解雇した。解雇通告書には、具体的な解雇理由は全く記載されていなかった。後に、会社側が主張した解雇理由は「支局長として所定の業務を遂行していない」という、言い掛かりとしか言えないものである。九月十九日の賞罰委員会は、松沢氏の意見を聴取する前に懲戒解雇処分を決定するという「暗黒裁判」でしかなかった。

　外部から見れば、反リストラ産経労をつぶすためにその委員長を解雇したとしか見えない蛮行だが、産経グループはなぜそのようなことをしたのか。

　それまで都労委で争われていた最大の争点は、論説委員は労働組合法上の組合員たりうるか、ということだった。産経側の主張は、「松沢委員長が論説委員であった時に結成した新組合は、労働組合法上の適格性がない」ということだったからだ。

　だが新聞界で最大の朝日新聞労組が、会社と交わしている労働協約には、「論説主幹、同代理、同副主幹を除いて、論説委員はすべて組合員たりうる」と明記されている。支局長も組合員たりうる資格を有している。

　そのような、反リストラ産経労の提出した書証や準備書面によって、組合員の資格がないと強弁するために松沢氏を論説委員や支局長にした、産経資本の小細工は木っ端微塵に打ち砕かれようとしていた。それで懲戒解雇が強行されたのだ。

　松沢氏は、懲戒解雇の無効・社員としての地位確認を求めて、日本工業新聞社を相手取って、東京地裁に提訴した。そして、〇二（平成十四）年五月三十一日、東京地裁民事一九部の山口幸雄裁判長は「本件解雇には重大な手続き違反があり、被告が解雇権を濫用したもので無効である」として、松沢氏の主張を全面的に認める判決を下した。

　反リストラ産経労については、「労組法上の適格性を有する」と明示、論説委員であった松沢氏の組合員資格も認める判決であった。

民主主義を否定する不当判決が高裁で下る

解雇の不当性を認めた地裁の判決は、きわめてまっとうなものだった。ところが産経グループ側が控訴し、東京高裁でこれが覆ってしまう。

　口答弁論が三回しか開かれず、証人も採用しないというおざなりな裁判の結果、〇三年二月二十五日の判決は、不可解なことばかりだ。目を引くのは、「不当労働行為に当たるか否かという点は、東京都地方労働委員会における審理で決せられるべきもの」としていることだ。

不当労働行為というのは、労働組合法に違反しているかどうかという、法的判断である。その判断ができない、というのでは、何のために裁判所があるのか分からない。教師による体罰を巡る裁判で、それは教育委員会で決せられるべきもの、と投げ出すに等しい行為だ。

判決文を読むと、加害者と被害者を取り違えるなどの、信じられないようなミスも目立つ。とても、まともに審理したとは思えない内容なのだ。

それでいて、産経グループ側による松沢氏の解雇は正当だ、と結論づけている。

判決を下したのは、東京高裁・第八民事部の村上敬一裁判長。〇五（平成十七）年にすでに定年退官しているが、その裁判官人生の中で、さまざまな疑問の残る判決を残している。

東京・中野富士見中学二年の男子生徒が自殺した事件では、「級友らの行為はイジメではない」と断じた。大戦中、紡績工場に勤労挺身隊員として動員された韓国人女性二人が、国に損害賠償と謝罪を求めた訴訟の控訴審では、原告の請求を棄却。十四年近く滞日しているイラン人一家が不法残留だとして強制退去を決めた国の処分の取り消しを求めた訴訟で、地裁判決を覆して一家の請求を棄却した。

国鉄民営化に反対していた全動労の組合員がJRに不採用になった問題では、「国是である国鉄民営化に反対する組合員がJRに不採用となるのは当然」という論理で、不採用は不当労働行為ではない、と判決した。

連合の項で書いたように、国鉄分割民営化の際に首相だった中曽根康弘は、〇五年に当時を振り返って、総評の中心である国鉄の労働運動を崩壊させるために民営化を行った、とNHK「日曜討論」で語っている。

国鉄分割民営化は、壮大な国家的不当労働行為であったことを、当事者自ら告白しているのだ。

村上裁判長が、国鉄民営化を「国是」と呼んだことに、通常の言語感覚を持つ人々は、かなりの違和感を感じるのではないか。

戦争の放棄や、核兵器の廃絶を、国是と呼ぶのなら分かる。だが、国鉄分割民営化は、政策の一つにすぎない。それに賛否の両方の意見が湧き上がってくるのは、民主主義の社会として健全なことだ。

政策を国是とこじつけ、それに反対する者の排除は当然とする、村上裁判長の頭脳には、民主主義と相反する思想が宿っている、と考えるしかない。

退官後、村上はＪＲの顧問弁護士の事務所に天下った。両者にどのようなやりとりがあったのか分からないが、法的判断に従ってのみ下された判決なのか？　と疑われても仕方がない一事だ。

松沢氏への判決も、きわめて不当なものだった。松沢氏は最高裁に上告・上告受理申立を行ったが、最高裁第三小法廷は、二年半もたな晒しにした挙句、〇五年十二月六日、具体的な理由を全く示さない、いわゆる「三行半」のかたちで、上告を棄却し、上告受理申立を不受理とする決定を行った。

そして、都労委のほうはと言えば、十三年近くも放置しておきながら、松沢氏の地位確認訴訟が最高裁で敗訴となるのを待って、〇六年十二月六日、反リストラ産経労の申し立てを棄却する命令を交付した。再審査を求めた中央労働委員会も、〇八年五月二十三日、同じく申し立てを棄却する命令を交付した。いずれも、高裁の不当判決にならったと見るべきだろう。

中労委の決定は、とうてい受け入れられるものではない。反リストラ産経労は、これに対しても、中労委（国）を相手取って、命令取り消しを求める行政訴訟を提起した。しかし、東京地裁・民事十九部の青野洋士裁判長は、二〇一〇（平成二十二）年九月三十日、組合側の請求をすべて棄却する判決を下した。反リストラ産経労は、直ちに東京高裁に控訴した。

しかし、東京高裁第二民事部の大橋寛明裁判長が、二〇一二（平成二十四）年十月二十五日に下した判決も、きわめて不当なものであった。産経グループの日本工業新聞社のナンバー２であった元専務の供述記録や法廷証言によって、この事件が、産経労組を使った一元的な従業員支配体制を固守するために、産経新聞社が主導した新労組潰しであった事実が明らかにされたにもかかわらず、松沢氏の千葉支局への不当配転、反リストラ産経労が社員に配布した機関紙の会社による強制回収、団体交渉の拒否、松沢氏の懲戒解雇のすべてが、不当労働行為ではない、というのだ。

これが不当労働行為ではない、というのだったら、何が不当労働行為になるのだろうか。労組が会社で機関紙を撒いてはいけない、というのでは、とても民主主義といわれる日本での判決とは思えない。労組の委員長を正当な理由なく懲戒解雇していいのだったら、日本国憲法第二十八条に謳われている団結権など、まるで空文ではないか。

反リストラ産経労は十一月七日、最高裁に上告受理申立を行った。

批判者の入場をガードマンが阻む株主総会

松沢氏はさまざまな形で、闘いを展開している。フジテレビ、産経新聞社などフジサンケイグループを統括する、持株会社「フジ・メディア・ホールディングス」（フジHD）の株主となり、株主総会に参加し、発言を行っている。

筆者は、ある種の奇縁から、反リストラ産経労と共闘して、株主総会の場に赴いたことがある。

〇一（平成十三）年のことだ。ライブハウス『新宿ロフト』に、ニューロティカというバンドが出演した。そこに野村沙知代がゲストに来て歌った。野村沙知代の登場とあって、民放のテレビ局はすべて来て、彼女が歌うシーンが放映された。

フジテレビの朝のワイド番組『とくダネ！』でも、同様に報じられた。ニューロティカは客をのせるのがうまいバンドだ。沙知代が歌う間も、観客たちは飛び跳ねるようにして踊っている。それを見ながらの小倉智昭キャスターのコメントが、「あのお店に来てた若者たちは、いくらもらって来たの？」だった。

もちろん観客たちは、チケットを買って来ていたのだ。ヤラセのように言われて怒った、ロフト・プロジェクト代表の平野悠氏をはじめとして、賛同する者たちで、「小倉あやまれ友の会」が結成され、筆者は会長となった。

当初、番組のプロデューサーが平野氏を訪れ口頭で謝罪した。しかし、あくまでも番組内で、小倉氏が自分の口であやまることを、平野氏は要求した。

相手がそれに応じないので、五月二十日、お台場のフジテレビ本社に向けてデモをかけることになった。

この時に、インターネット上の匿名の人物が、我々の行動を松沢氏にネットで知らせ、それを受けた松沢氏が連絡をくれて、共闘の申し出をしてくれた。もちろん快く受けたのだが、若干の途惑いを感じたのは確かだ。

小倉キャスターが、「ごめんなさい」とただ一言口にしてくれれば済むものを、それを拒むフジテレビの頑なさに怒っていたが、われわれには深刻な被害者はいない。

まっとうな労働組合を作って懲戒解雇され、長く苦しい闘いを真剣に続けている松沢氏とわれわれでは、なんだか釣り合いが取れないのではないかと思った。

平野氏も私も、〝新左翼〟と呼ばれる共産主義運動に身を投じたことがあり、あからさまに左翼的なものには抵抗感があった。五月二〇日はデモというよりは、パレード的なものにしようということになった。

行進の先陣に立ったのは、数人のストリッパーたち。公然わいせつ罪で逮捕されては洒落にならないので、脱ぎはしなかったが、エロチックな格好で踊りながら歩いた。中間は普通のデモで、シュプレヒコールも挙げる。

「小倉あやまれ友の会」デモの様子

しんがりは、〝新左翼〟を懐古する「共産趣味者」のグループで、ヘルメットにタオルで覆面をするというスタイルで、ジグザグデモも行った。

そんなハチャメチャなデモであったが、松沢氏は昂然とした風情で、「反リストラ産経労」の旗を掲げて参加してくれたのだ。

その後、一緒にフジHDの株主総会に行こう、という提案が松沢氏からあった。

両者が共闘する旨を表明する記者会見を、弁護士会館の会議室で行った。そこにはテレビカメラを携えた、フジテレビのクルーもやって来る。放映するつもりなどなく、情報収集であることは明らかだったが、われわれはそのまま迎え入れた。こちらには何もやましいことはないことはもちろん、公に向かっての記者会見なのであるから。

資金的には潤沢な平野氏であったが、その時点で株を買ったのでは、総会への参加資格は得られない。そこでネット上で、「小倉あやまれ友の会」の趣旨を説明し、賛同してくれるなら、委任状を添えて、総会に参加するための「議決権行使書用紙」を譲ってくれるように呼びかけた。すると、それに応じてくれる者が現れた。

――

六月二十八日、松沢氏らの株主三名、平野氏と私を含む株主から委任を受けた四名が、株主総会の会場であるホテル日航東京に入っていった。

会場入り口で受付を行っていると、横から男性が、平野氏に声を上げた。

「あなた平野さんでしょ。議決権行使書用紙に書いてある名前と、違うじゃないですか」

「だから私は委任を受けて来てるんです」

「総会には株主本人しか参加できません」

そうやり取りしている間に、ガードマンが出てきて横に連なり、壁を作ってしまった。平野氏や私を含め、株主から正式に委任を受けた四名は、入場を阻まれてしまったのだ。

私は頭に来たのも確かだが、呆れる気持ちも湧いてきた。私たちが株主総会に参加したからといって、どうなるというのだろう。会社に言い分があるというのなら、堂々とそれを主張すればいいではないか。

後からやってきた株主たちは、ガードマンの作った異様な壁を目にすることになった。言論機関であるはずのフジサンケイグループの本性がいかなるものか。それを彼らに、見せつけることになった。

実際、「こんなひどい株主総会は初めてだ」と嘆いていた株主もいた。

ウルトラ御用労組を作り上げた会社は、ちょっとした異論にもこんなにも過敏に反応するのだ。

データ改竄の東電元社長が監査役のフジＨＤ

松沢氏は、毎年、フジＨＤの株主総会に出席し発言している。それは自身のことに限らない。

二〇一二（平成二十四）年六月二十八日の株主総会では、「やはり南監査役には辞めていただく必要があります。南さんは、柏崎刈羽原発のデータ隠しで、荒木浩会長とともに東京電力社長を引責辞任した事実があります」と発言した。

南監査役とは、一九九九（平成十一）年から二〇〇二年まで東電の社長を務めた、南直哉である。原発に関する二十九件ものデータ改竄・隠蔽が明らかになり引責辞任したが、二〇一二（平成二十四）年三月末に東電が顧問制度を廃止するまで、東電の顧問であり、高額の報酬を受け取っていた。

その南直哉が二〇〇六（平成十八）年から、東電顧問のまま、フジテレビの監査役に就任し、二〇〇八年にフジテレビが、認定放送持株会社「フジ・メディア・ホールディングス」（フジＨＤ）に移行（同時期にフジＨＤの全額出資子会社としてフジテレビジョンを設立）した時点からは、フジＨＤとその子会社フジテレビジョンの監査役を兼務しているのだ。

松沢氏は、次のように続けた。

「昨年の総会で太田英昭専務は、引責辞任した事実を含めて南さんを高く評価しておられるとおっしゃいました。昨年も私は泥棒が警察をできるのか、と申し上げましたが、泥棒どころじゃないですね。福島原発の事故を見れば、まさに戦争犯罪に匹敵し、狭い日本の国土を削り、国民の健康を将来にわたって損ねている。その南さんが、公共放送の使命をおびているフジテレビジョンと、その親会社であるフジＨＤの監査役なんて、できるわけないでしょう」

データ改竄・隠蔽とは、危険な状態にある原発を、安全だと偽るために行われたものだ。正しい情報を伝えるべき報道機関の監査役になどなるべきではないのは当然だ。

松沢氏はさまざまな角度から、南監査役の不適格性を述べた。

「打ち切ります。議事進行の権限は議長にあります」

株主総会の議長である、日枝久会長がそう言うと、突然、松沢氏の持っていたマイクの電源が切られてしまった。

東電労組の項でも述べたが、「企業の不正を正す」という労働組合の当たり前の役割を、御用組合に期待することは、もはやできない。ウルトラ御用労組である産経労組に、それを期待するのはとんでもない夢物語というべきだろう。

福島原発事故前には、東電は年間二六九億円もの広告費を使っていた。電力会社は地域独占企業であり、宣伝などしなくとも人々は住んでいる地域の電力会社の電気を使う。巨額の広告費は、メディアをコントロールして、原発は安全だ、と人々に思わせるためのものだった。

原子力マフィアによるメディア支配は、広告費以外にも、有形無形さまざまなものがある。フジＨＤにおける南直哉監査役の存在は、それを雄弁に物語っている。データ改竄・隠蔽発覚の際に同じく引責辞任した、当時の荒木浩会長は、テレビ東京ＨＤおよびテレビ東京の監査役となっていたが、厳しい批判に耐えかねてか、テレビ東京は二〇一二（平成二十四）年に辞任し、テレビ東京HDも二〇一三年に辞めている。これに比べると、南直哉氏を監査役に居座らせ続けているフジHD、フジテレビの「厚顔さ」が、ひときわ目に付く。

福島原発事故後、「原発は安全だ」と声高に唱えるメディアは少なくなった。それでも、原子力マフィアによるメディアコントロールは利いている。

NHK局内で原発について踏み込んだ発言をし、ツイッターでも「僕らメディアの責任も本当に重たい」と述べ、独自に取材したドキュメンタリー映画『変身』を制作した、堀潤アナウンサーがNHKを退職せざるをえなくなったのを見ても、それは明らかだろう。

堀潤氏は、一一（平成二十三）年十二月十二日のツイッターで次のように書いている。

「福島県で除染作業に携わっていた六〇代の男性が亡くなった。男性の死亡原因について国は『除染作業と関係はない』としているが何故関係がないと判断したのか、その根拠も示さなくてはいけない」

福島原発事故で死者が出た、ということは、大手メディアでは触れてはいけない一線だ。

実際には、福島原発事故からの避難で、双葉病院の患者ら五十名が亡くなっている。

福島第一原発の三号機は核爆発を起こしていた可能性も、触れてはいけない一事だ。三月十四日の爆発時には、黒煙がキノコ雲となって立ち上るその映像が実況された。これを見て、アメリカの原子力技術者、アーニー・ガンダーセン氏は、即発臨界爆発という緩やかな核爆発だ、と指摘している。菅直人元首相の元政策秘書や、日本原子力安全基盤機構の元原発検査員も語っている。

これはさまざまなデータから検証されなければならないが、大手メディアでは三号機爆発の映像そのものが封印されてしまっている。

また「福島第一原発は地震には耐えた。だが津波による全交流電源喪失によって事故につながった」というのが、東京電力と原子力ムラが押し通したいシナリオだ。原発が地震に耐えられない、ということになれば、どの原発も再稼働はできないからだ。

地震によって原発が損壊していたという事実は、現場にいた人々の証言やデータで明らかだ。この点については、大手メディアでも勇気ある人々が切り込んでおり、ぎりぎりの攻防が続いている。

金だけが目当ての原発推進に説得力はない

そんな中で原発推進を言い続けているのが、フジサンケイグループだ。

二〇一三年五月三日の産経新聞には、「新幹線と同じ、災害に強い原発は可能だ」という阪大名誉教授のインタビューが載った。内容はこれまで推進派が言ってきたことのくり返しで新鮮味はない。確かに、これまで五千億円くらいで建てられていた原発を、一兆円ほどかけて造れば、地震や津波で損壊しにくい原発は造れるだろう。だが、処理のしようのない使用済み核燃料をどうするのか、ということについては何も書かれていない。

同じく五月三日には、「米シェールガスは本当に救世主か？　輸入まで四年、原発なしでは『電気再値上げ』不可避の現実」という記事がある。稼働中の大飯原発三、四号機（福井県おおい町）に続き、高浜原発（同県高浜町）も順次稼働させていくことが、電気料金の「正常化」につながる、という関西電力の見解が紹介されている。

これも原発問題を知っている人々には、説得力のない記事だ。原発の発電コストは決して安くない、ということはすでに実証されている。電力会社が値上げせざるをえないのは、火力発電などの燃料費がかかるということも事実だが、最も大きな要因は、原発は発電していなくても莫大な維持費がかかる、ということだ。最初から原発を造っていなければ、電気料金を高くする必要はない。

総じて、原発に関する産経の記事は、内容が薄い。

松沢氏は語る。

「同じ原発推進でも、読売新聞は確信犯。それなりに思想が感じられる。正力松太郎以来の、日本を最終的に核武装国家にしようという考えが、根底にあるわけでしょう。産経の自民党権力や財界への擦り寄りには、お金がほしいという『営業右翼』のいやしさしか感じられない」

確かに、読売新聞グループ本社代表取締役会長・主筆の、渡邉恒雄には、あなどれないものがある。戦中に強いられた過酷な労働や徴兵されてからのリンチに反発。敗戦で復学し、東大のキャンパスに戻ると、唯一「天皇制打倒」を言っていた共産党に入党。だが、「党員は軍隊的鉄の規律を厳守せよ」と書かれたビラを目にして、「報いられることなき献身」を求めるマルクス主義は、神なき宗教だ、と確信。「極左主義の克服」を主張した

——渡邉は、共産党本部から「警察のスパイ」とレッテルを貼られ、除名される。

渡邉恒雄は卒業後、読売新聞社に入社し記者となると、武装闘争路線を明確にしてきた共産党の山岳アジトの一つに単身で乗り込んで取材し、スクープをものにしのし上がっていく。

宣伝扇動と大衆操作の技術を体験した共産党体験は、きわめて有用だった、と最近になって渡邉は振り返っている。

幾重にも折り重なった渡邉による保守思想には、その是非はともかく、それなりの深みがある。

産経労組に「平和協定」を呑ませて、ウルトラ御用労組に仕立て上げた、水野成夫も共産党経験者だが時期も異なり経験も異なる。水野は三・一五事件で検挙され転向すると、戦中は軍部と結びついて財を成した。

渡邉恒雄が目にした、「党員は軍隊的鉄の規律を厳守せよ」というスローガンだが、やはり軍と共産党には共通したものがあるのだろうか。戦前の共産党経験を経て、戦中は軍と結びついて甘い汁を吸った水野は、そうした側面ばかりを産経労組に適用したのかもしれない。

労使一体となって記者たちを締め付ける硬直したシステムから生み出される言論は、いかなるものになるか。

「北朝鮮に早く攻め込めといわんばかりのバカな論調やったり、小泉首相の靖国神社参拝で中国との関係が怪しくなった時に、中国を叩いたり、あまりにもストレート。読売は、中国は政治的にも経済的にも大事だと、もう少し大局的な見地からものを言っている。朝日だって体制そのものを護持するメディアだけど、反体制の人にも顔を向けるし、その意見も取り入れる。反対派にも目配りするのが、自分たちの新聞を多く売り、新聞の主張を信じ込まさせる技術である、と分かっている。産経にはそれがない。なぜ売れないのかといえば、あまりにもストレートに偏りすぎているから。産経労組を通じた支配が、あまりにもガチガチに成功しすぎたから、記者も組合員もモノが言えなくなっている。もはや、日本社会に対するイデオロギー操作の機関として、産経なんか役に立たないというのが、大企業や政治家、高級官僚らの間でも共通認識なんじゃないか。だから金が出ない。えさをやったってしょうがないと思われているのが、かわいそうな産経の実態では」と松沢氏は語る。

それではいったい、誰が産経を読んでいるのか。

『反リストラ産経労結成直後に、『日本工業新聞』の論説委員から千葉支局に飛ばされたが、雑居ビルの二階にある産経新聞千葉総局の片隅に『日本工業新聞』の机もあった。フジテレビもそこにいた。産経の千葉総局が何をやっているのかというと、警察官の表彰なんかをやっている。あるいは習志野の自衛隊にも何かと色目を使っている。なんだ、産経の組織的読者は、警察と自衛隊だけかと思い知らされた。それでは、一般読者はついてこない」

財界そのものの産経労組には選挙もできない

政府・財界の主張の場にしようと、水野成夫は、産経労をウルトラ御用労組に仕立て上げたわけだが、そもそもの目的とそぐわない結果になっているようだ。

産経労組は今、何をやっているのか？　松沢氏は語る。

「機関紙を出して配っているくらいで、組合活動は全然していない。春闘シーズンにはものすごい超低額要求、業界水準の最低の最低くらいの要求をする。最初から打ち合わせしているから、会社は満額回答するが、超低額要求だから痛くも痒くもない。選挙シーズンが来ると、なんとなく会社の指名候補が決まり、その人になんとなく投票する。私たちが組合内で活動していた時は、職場集会を開かせていたが、それ以外では開かれない。『夕刊フジ』の記者が、私にこんなことを言っていた。『労組の役員は小学校のごみ当番みたいなものだ』と。順番が来たからイヤだけれども、やりますと。だから停滞しきっている」

御用化した組合の多くが国政などの選挙に向かって活動しているが、それはどうなのか？

「まるで、やっていない。産経労組の利益を代表するような政党も議員もいなかったから。産経労組の考えが、産経新聞社の主張と全く同一で、あまりにも、財界そのものだから。だからといって、いくらなんでも労組が自民党を応援するのはおかしい。東電労組だって、自民党じゃないでしょ、民主党でしょ。産経労組に推薦されたら議員や政党が困る、ということもあるでしょう」

他の御用労組を取材すると、もっぱらやっているのは国政や自治体の選挙、ということになるが、産経労組はそれさえやっていない。何をやっているのだろうか？　何もやっていないのかもしれない。

産経労組は、そこに存在するだけでいいのだ。労働者から事実上、スト権を取り上げ、団結権を取り上げるために。労働運動をさせないために、産経労組はそこにある。産経労組を受け容れた連合は、その本性を露わにした、と言えるだろう。

二〇一二（平成二十四）年十二月、反リストラ産経労の松沢弘委員長に、「多田謡子反権力人権賞」が贈られた。二十九歳で夭折した弁護士、多田謡子さんを記念し、国家権力をはじめとしたあらゆる権力に対して闘い、人権擁護に尽くした人士に贈られる賞である。

幾多の苦難をかいくぐって闘い続けてきた、松沢氏への共感は広がっている。そして、反リストラ産経労の深紅の組合旗は、結成時からの苦節二十年を経て、今もなお、高々と掲げられている。

トヨタ帝国の暗部をえぐりだす、新たに誕生した新組合

丸みを帯びた屋根の五階建て、暖かみのある色彩で、ショッピングセンターかと見まがう。これが、トヨタ労組（トヨタ自動車労働組合）の所有する「カバハウス」だ。愛知県豊田市のトヨタ自動車本社工場に接して、建っている。

中にはフィットネスクラブ、レストラン、銀行まである。トヨタ労組と、トヨタの関連企業の労組を束ねる、全トヨタ労連（全トヨタ労働組合連合会）、販売系の全トヨタ販売労働組合連合会の事務所も入っている。いくつもの会議室があり、七〇〇席あるホールは組合の評議会に使われるだけでなく、コンサート、演劇、映画、講演会などにも使われる。

そして民主党副代表の直嶋正行参議院議員、民主党副幹事長の古本伸一郎衆議院議員、中村晋愛知県議会議員、吉野博子豊田市議会議員などの事務所がある。四人とも、トヨタ労組出身の議員だ。

二〇一二（平成二十四）年の衆院選は、民主党への逆風が吹き荒れたが、自民党の対立候補を打ち破って、古本は議席を守り抜いた。トヨタ労組の底力を見せつけた形だ。

トヨタ労組の選挙への取り組みは、地方議会から始まり、一九六九（昭和四十四）年の衆院選で、当時の渡辺武三委員長を民社党の議員として国会へ送り出した。組合委員長の立候補でありながら、企業ぐるみ選挙であった。職場に作られた後援会の会長には部長クラスがおさまり、副会長には課長と組合の職場委員長、幹事に

カバハウス

は工長という陣容で、会社と組合が一体になって行われた。職場では後援会の署名用紙が回され、選挙への協力が強要された。

トヨタでは一九六二（昭和三十七）年、会社と組合が「自動車産業の興隆を通じて、国民経済の発展に寄与する」「労使関係は相互信頼を基盤とする」「生産性の向上を通じ企業の繁栄と、労働条件の維持改善をはかる」などを内容とする、労使宣言を発している。

渡辺委員長は、「全国自動車党だ」「何より会社の繁栄が必要」「トヨタグループの団結が必要」と自分を売り込んだ。

実際に渡辺議員は国会で、自動車の排ガスはタバコよりも害が少ない、と環境庁の排ガス規制に抵抗した。現在の古本議員はと言えば、自動車関係諸税の一部軽減を実現している。確かに、自動車業界のために働いている。

豊田市には、高速道路をはじめ有料道路のインターチェンジが、「豊田」「豊田勘八」「豊田東」「豊田藤岡」「豊田南」「生駒」「加納」「猿投」「猿投東」「枝下」「力石」「中山」「西広瀬」「八草」「八草東」と十五箇所もある。人口約四十万でこんなに多くインターチェンジがある市が、他にあるだろうか。これも議員たちの活動の成果だろう。

トヨタは、豊田市を中心に愛知県内に十の直営工場を持ち、二〇〇以上の協力会社がある。これを効率よく結ぶ交通網が、トヨタの経営〝哲学〟である「ジャスト・イン・タイム」を可能にしている。ジャスト・イン・タイムとは、「必要なものを、必要な時に、必要なだけ」という意味だ。

自動車は、三万個もの部品から出来ている。生産ラインの近くに、それをストックしておくのが普通だ。だがトヨタでは、必要な時にラインに届くように、末端のメーカーに指示をする。コンピュータで工程順位、部品名、数量、納入日時などを伝えるのが、「かんばん」である。在庫を抱えるムダが、省けるわけだ。

トヨタの「かんばん方式」は、しばしば優れた経営理念として取り上げられる。だが、少し考えてみれば分かる。指示されたとおりに部品を届ける責任は、部品メーカーに負わされるのだ。発注にいつでも応じられるように、下請け会社は在庫を抱えていなければならない。

そして、ジャスト・イン・タイムに部品が届くように、税金を使って交通網まで整備されているのだ。

トヨタ労組出身の議員を、「自動車党などではない、トヨタ党だ！」と詰《なじ》った社員がいたという。確かに多くの企業がトヨタの経営を真似しようとするのは分かる。ありとあらゆるものを駆使して、下々を従わせる「トヨタ帝国」をそこに造り上げたのだから。

トヨタ自動車の七十五年史を見ると、ジャスト・イン・タイム方式は一九三八（昭和十三）年にスタートした、となっている。だが、七〇年代頃にはまだ、「作り過ぎた在庫を引き取ってくれ」などと、抵抗する下請け企業もあった。時間をかけて、徹底させていったのだ。

歴史を辿っていくと、この時期にトヨタ式経営は確立している。ジャスト・イン・タイム、かんばん方式、に加えて、「創意くふう提案制度」「ＱＣサークル運動」が、この頃から始まり、今に至るまで続いている。

創意くふう提案制度は、仕事の能率を上げるための改善の提案をすることだ。ＱＣサークルは、小グループで品質管理活動をすること。驚くべきことに、これがトヨタでは長い間、「自主的な活動」とされ、業務とは見なされなかった。

三十年以上前から続く、過労死、自殺

二〇〇七（平成十九）年十一月三十日に、名古屋地裁

で降りた判決は、小さな転機になった。

トヨタ自動車・堤工場（愛知県豊田市）の車体部でＥＸ（エキスパート＝班長職）として働いていた、内野健一さん（三十歳）は〇二（平成十四）年二月九日に、前日午後からの勤務に続く残業中の午前四時二〇分頃、工場内で倒れた。社内の施設救急車で病院に運ばれたが、死亡が確認された。

内野さんは、「創意くふう提案制度」「ＱＣサークル運動」の他「ＥＸ会活動」、交通安全活動まで任され、会社に長時間拘束されていた。定時で会社から帰れることは皆無で、家でも「自主的」と見なされる活動でパソコンに向かう。休日もそのような活動でつぶれた。

生活ぶりを見ていた妻の博子さんは、明らかに夫は過労死したと考え、豊田労働基準監督署に労災認定を申請した。ところが労基署は、労災と認めなかった。

そこで博子さんは〇五（平成十七）年、国と労基署を訴えた。そして名古屋地裁の判決は、内野さんは過労死したのであり、労災であると認定したのだ。〇七年十二月十四日、国は控訴を断念し、判決は確定した。

会社からは管理職に対して、ＱＣサークルの活動は業務扱い、原則として月三時間以内、必要に応じてそれ以上も認めるが、活動が過度にならないように気をつける、などの指示が出された。だが、その最後には、「自分たちで行う勉強会は、職場では実施できません。工場の敷地外で行ってください」という文言がある。外でなら「自主的」なＱＣ活動ができる、という抜け道が残されている。実際に内野さんは、自宅のパソコンに向かってＱＣ活動を行っていたのだ。

確かに、微妙な変化はある。社員のサービス残業を規制するようになったため、技術開発で、できる部分を下請けに回すようになった。徹夜してでも納期に間に合わす、下請けにしわ寄せが行くようになったのだ。

一人の労働者の死を前にしてもなお、トヨタが根本的な改革を行った、というようには見えない。

働き過ぎ、サービス残業の多さ、というのは、日本の会社全体で問題になるが、トヨタは特に極端だ。

ＱＣと同様の活動を行っている企業は多いが、業務と認められている。新日本製鉄ではＱＣ活動に、自己申告に基づき、一時間一四〇〇円を上限なしに支払っている。

内野さんの後にもエンジニアの過労死があったが、トヨタの歴史を紐解いてみても、過労死や自殺が目立つ。

一九七八（昭和五十四）年に発刊された『トヨタその

実像』（汐文社）では、トヨタ社員から必ず聞く「突然死」の噂を、著者の青木慧氏が辿っていく様子が書かれている。警察、市役所から始まり、トヨタ自動車健康保険組合では、「会社の安全衛生課の許可がなければ」と断られる。

トヨタ病院も鉄壁の構えで口を閉ざす。何軒もの寺も巡ってみたが、地域の城主であるトヨタを恐れて口を開かない。

青木氏は社宅や寮を丹念に回って、三人の死を突き止めた。高岡工場で働いていた、五十一歳と、新婚間もない二十七歳。夜勤続きの過労から来る突然死で、トヨタ病院で亡くなっている。

もう一人は、四十七歳の工長である。工長というのはライン部門の係長クラスで、数十人の部下を従える。いつの間にか疲れが蓄積し、体重が七キロも減り、糖尿が出て、心電図にも異常が見られた。

トヨタ病院の医師に、休みが取れないだろうかと、工長は相談した。

「何を言ってるんです。糖尿が出たくらいで休めるトヨタか、あんたが一番よう知ってるやろ」

それが医師の答えだった。医師までもが、会社と結託しているのだ。工長は勤務をし続け、四日目の朝、布団の中で冷たくなっていた。

労働組合は何をしていたのだ？　というのは聞くだけヤボ、というものだろう。医師や寺、労基署まで従わせているトヨタ帝国である。

労組などを従僕にしているのは当たり前、と思うが、そんなに生やさしいものではない。この頃のトヨタでは、労使協調を超えて、労使同体であった。生産現場での組長、班長、準班長などの職制が、そのまま組合幹部なのだ。そして、組合の書記長クラスは、課長などのエリートとなって組合を「卒業」するという、出世コースだった。

もちろん現在は、そんなことはない。選挙および議会活動など独自の役割を抱えたこともあり、生産現場と組合幹部は重なってはいない。労組の世界も広大になった。トヨタ労組の上には、トヨタの関連企業の組合も束ねる全トヨタ労働組合連合会があり、その上には自動車総連（全日本自動車産業労働組合総連合会）、さらに上には連合がある。御用労働運動の中でのし上がっていくか、議員になるのが、労組の出世コースとなっている。だが、労使同体という本質は変わっていない。

労組の委員を上司が決めるシステムに挑戦

こんな労働組合を、変えようとした者はいないのか。いるのである。見渡す限りの荒野に見えても、心ある人間はいるのだ。

一九六五（昭和四十）年にトヨタ自動車に入社した、若月忠夫氏は、労働組合の職場委員を、管理職である上司が決めていることに疑問を持った。

「やっぱり、やりたい人がやる、やらせるシステムに変えていくべきではないか」

そう思って、若月氏が職場委員に立候補したのは、入社五年目のことだ。上司が推薦する候補と、若月氏で選挙になった。トヨタ労組の中では初めての選挙だったのではないか、と若月氏は振り返る。

若月氏は選挙に勝利。当選し職場委員になった。職場の休憩所に組合のコーナーを作って機関誌を掲示したり、一般の組合員に組合活動を知ってもらおうと、若月氏は一所懸命動いた。

「すると、三ヵ月後には、会社から配置転換の辞令が下りたのです。部署的には、同じ課の中で異動。組を異動する程度だったが、それで職場委員ではなくなってしまう」

組合を弱体化させるために配置転換を行うのは、労働組合法の第七条で禁止されている「不当労働行為」に当たる。労働組合が、真っ先に抗議するべき事例だ。

若月氏は組合の本部に行き、「選挙で選ばれたのに、配置転換で職場委員の資格を剥奪されようとしている」と言ったら、「会社の都合なんで、従わざるを得ない」と一蹴されてしまった。

労働組合なのに会社の立場に立っている、と愕然とした若月氏は、その後も職場委員に立候補した。さまざまな妨害で当選できないが、それでも一、二票は入る。すると、それは誰なのか、と「犯人捜し」が始まる。実際に投票しなくても、「若月と親しい」「よく話している」と思われるだけで、「犯人」扱いされ、職場の中で冷遇される。

労使同体は明確だったが、若月氏は挫けなかった。組合をなんとかよくしようと、トヨタ労組の執行委員長に立候補した。

だが、若月氏が立候補する数年前の一九七一（昭和四十六）年に、組合の選挙制度が変えられていた。執行委員長に立候補するには五十名の推薦人がいなくてはならない、となったのだ。

　組合の選挙管理委員が、推薦人が組合員であることの確認という建前で、職場に電話を入れる。だが、推薦人本人に確認するのではなく、職場の上司に電話をするのだ。すると、「お前、こんなことやってたら会社におれんようになるぞ」と推薦人に脅しをかけるのだ。

　自治労の項でも書いたが、選挙という制度はあるが当選者は決まっている、というこのシステムは、かつてのソビエト連邦の人民代議員大会や、今の北朝鮮の人民会議選挙と同じである。

若月忠夫氏

　そんな中でも、若月氏は執行委員長に何度も立候補をした。会社の圧力に負けない五十人の推薦人を集めなければならないのだから、それだけでも大変なことだ。二〇〇〇（平成十二）年の選挙では、組合員の四・五パーセントに当たる二六三六票を獲得している。鉄壁の労使同体の中で、確固とした大きな支持といえる。

　厳しい環境の中で組合を変えようとしてきた若月氏だが、本当にどうにかしなければならない、と考えたことがある。

　過酷な労働環境によって、仲間の社員が自殺に追い込まれてしまったのだ。「健康状態のよくない妻の面倒も見なければならず、連続二交代の勤務ではどうにもならない。昼だけの勤務の部署に変えてほしいのだが、なんとかならないか」と、同僚は若月氏に相談してきた。若月氏は会社のしかるべき部署と相談したが、まったく埒があかなかったのだ。

　しかも彼の上司は、労働組合の役員経験者であるにも関わらず、その窮状に手をさしのべるどころか、逆に嫌がらせをする。「辞めてしまえ」「職場の足かせだ」と罵り、あいさつしない、話を聞かないという態度で、彼を孤立させた。そして彼は四十代の若さで、自宅で首吊り自殺してしまったのだ。

労働者の側に立った労組が誕生した

トヨタ労組は、労働者のためにあるのではない。労災の問題一つ、取り上げることもない。そう確信した若月氏は、新たな道を模索し始める。

そして、二〇〇六（平成十八）年一月二十二日、下請け会社の労働者らとともに、新たな組合「全トヨタ・ユニオン」（全トヨタ労働組合）を結成した。

その思いを、若月氏は語る。

「今まで組合役員に立候補して、なんとか組合を変えようとしてきたけど、一〇〇パーセント当選できないシステムになっているのに、そんなところにエネルギーを使っても何の得にもならない。それよりも自分たちの労働組合を作って、一〇〇パーセントのエネルギーを注いだほうがいい。会社と団体交渉できるし、労働者の気持ちに沿った、労働組合運動ができる」

全トヨタ・ユニオンの組合員資格は、「トヨタとトヨタ関連企業で働く労働者」。トヨタの正社員だけではなく、嘱託社員、期間従業員、パート、アルバイト、派遣社員、そして下請けの関連企業の労働者も、同様に加入できる。国籍も問わないので、トヨタで多く働く外国人も組合員になれる。

労働問題を専門とする弁護士にも相談し、既存の労組があっても、労働者が個人で加入できる新労組の結成は可能であることを確認し、結成に踏み切った。

事前に情報が漏れれば、会社やトヨタ労組から妨害を受けるのは必至だ。極秘で準備が進められ、結成に漕ぎ着けた。

全トヨタ・ユニオンの労働組合規約には、次のように謳われている。

「私たちは、長い間ユニオンショップ制のもとで一企業一労組という体制に縛られつづけてきた。そのため、閉塞状況に陥り、労働組合の存在意義が、今問われている。私たちは新たな時代二一世紀に立ち、憲法、労働組合法等で保障された団結権、団体交渉権、団体行動権を発展させ、トヨタとトヨタ関連企業の労働者とその家族の生活と権利を守り、社会的、経済的地位の向上をめざして、一企業の枠を超えた、新しい横断的労働組合をここに結成する」

これまで見てきたように、既存のトヨタ労組は労使同体である。全ト・ユニオンの結成は、新たに労働組合が誕生したに等しい。関連企業では労働組合がなかった会社もあり、文字どおりの組合の誕生となったところもあった。

それだけに会社にとって、脅威であり、露骨な妨害を行ってきた。

既存のトヨタ労組は社内・工場敷地内でも自由に機関誌やビラの配布ができたのに、全ト・ユニオンに対して会社は、構内での配布を「許可しない」とした。

そこで、全ト・ユニオンは、工場の門の外で配布した。すると、会社の人事と組合幹部が出てきて、「ビラを受け取らないように」と言う。それでも受け取る従業員もいる。すると、「私物を持ち込まないように」などと言って、強圧的に取り上げようとする。「回収箱」と書かれた、普段はないゴミ箱が設置され、そこに入れさせることもあった。

「抗議書を会社に送ったら、受け取った人から剥奪したと見えることもあった。労働組合の役員がやってきて奪っていったのではと思えたが、僕らは会社に対して抗議した。たとえ労働組合役員でも、他の労働組合が送った文書を剥奪するのは、明らかに不当労働行為。会社は『そんな事実はありません』と回答してきた。調べたのか疑問だ。せめて会社の人間じゃありません、という回答だったらいいんだけど、向こうも組合役員だと知っていてかばっている様子だ」と若月氏は憤る。

全ト・ユニオンに加入した従業員が出勤する時に、五人ほどが駐車場で待ち伏せしていて、「全ト・ユニオンをやめろ。お前の今後が不利になる」と脅しをかけたこともあった。本人はそれを振り切ったが、その後、配置転換させられるなどの嫌がらせを受け、元のトヨタ労組に戻らざるを得なくなった。

「オールトヨタでの、全ト・ユニオン対策チームみたいなのが作られていると思う。団体交渉のあり方一つ見ても、どこの関連企業でも同じだから。おそらくトヨタ自動車が長になって意思統一をやっている」と若月氏は見る。

全ト・ユニオンは法的に認められた労働組合なので、会社は団体交渉には応じざるを得ない。だが、すべての要求に対して、「回答の限りではない」などとして、まともに応じようとしない。労働協約も結ぼうとしない。

トヨタ労組と同じように、職場内に掲示板を設置してほしいという要望にも、少数であるということを理由に応じようとしない。数の問題ではなく、労働組合法上、対等に扱わなければならないはずだが。

だが、「回答の限りではない」としながら、いつの間にか全ト・ユニオンの要求を取り入れている、という興味深い反応もある。

「職場では、空調設備がなかった。扇風機と移動式スポットクーラーしかなくて、実際にはほとんど効き目がない。常に室温三十四度になっていて、以前からみんな、たまらんと言っていた」と若月氏は語る。

そこで、全ト・ユニオンでは、工場全体の冷房設備を設置すべきと会社に要求した。いつもどおり、「回答の限りではない」という対応だった。だが、翌年の五月から工事が始まり、夏までに冷房設備が設置された。

会社としては、全ト・ユニオンの実績にはしたくない。「あんたたちが言ったからやったんじゃない」として、会社独自の判断だと押し通している。

だが、予算計上の時期などから考えても、明らかに全ト・ユニオンの要求を取り入れたものだった。

「われわれ小さな労働組合が大きな会社に要求実現していくには、労働基準法とか、労働安全衛生法とかが効き目がある。それに違反していたら、会社は『知りません』じゃあすまない。それをきちんと勉強して、会社側に要求した。私は四十五年トヨタ自動車に勤めてきたけど、そんなことには会社は一切触れずじまいで来ていた。暖房設備はあったけど、冷房設備はなかった。私たちが組合を作って要求して、初めて実現した」

さらに過酷なトヨタ下請け労働者の実情

全ト・ユニオンの誕生によって、さまざまな変化が現れた。既存のトヨタ労組に加入できるのは、正社員だけだったが、二〇〇六（平成十八）年八月に規約改正し、パート労働者も入れるようになった。一年後にはまた規約改正して、期間従業員も加入できるようになった。明らかに、全ト・ユニオンを意識した変化だ。

「会社は今、人間関係、コミュニケーションにものすごく力を入れている。われわれの労働組合に入るのは会社への不満を抱えてのことだろうから、そういうことを起こさせないような職場の労務管理、それにはコミュニケーションが大事だ、と僕らが労働組合を作った後に言い始めた。会社側は早速、七万人の総コミュニケーション活動を、一年間展開する。一年のはずが、二、三年とずっと続いて、五年目には全世界の三十二万人の総コミュニケーション活動に発展していく。明らかにわれわれ全ト・ユニオンを意識した取り組みだった」と若月氏は語る。

全ト・ユニオン結成が巨大トヨタに波紋を起こしている。だがそれで、トヨタおよびトヨタ関連企業の労働環境は、改善されているのか。全ト・ユニオンが直面している個々の事例を見ると、とてもそうは言えない。

「トヨタ関連の部品メーカー、アイシン機工で、長時間労働で手首を痛めて休職していた、吉田さんという方がいる。休職期間満了で解雇にされそうになっていた。社内のアイシン機工労働組合に相談したんだけど、交渉になったら、組合の執行委員長は会社側の人間と並んで座っていたという、笑うに笑えない話。こちら側にいる本人に対して、一緒になって、解雇は仕方がない、と言う」

吉田祐二さんの両手首に、コーヒーカップも持てないほどの激痛が走ったのは、二〇〇七（平成十九）年八月のこと。「両側尺骨突き上げ症候群」と診断され、十月に一回目の手術を受け休職に入った。以降、二回の手術をしている。休職期間満了で、会社からの退職通知が来たのが、二〇一〇（平成二十二）年八月だった。

「吉田さんはこちらに相談に来て、全ト・ユニオンに加入した。九月四日に休職満了という前日の九月三日に会社と団体交渉を行った。就業規則を調べると、会社の判断で休職期間を延長することができるとあった。その適用を要求して、休職期間を延長させ解雇は免れた」

二〇一一年六月をもって休職を打ち切る、という会社からの通告があったため、名古屋地裁に対して、従業員であるということの地位保全と賃金支払いを求める、仮処分を提訴した。

十月には別の医師の診断で、吉田さんは「両側尺骨突き上げ症候群」ではなく、業務上の反復ひねり作業による「両手首靱帯損傷」であることが明らかになる。

労災であることが明確になったわけだが、十一月に、会社は吉田さんを解雇した。労働災害認定と地位保全を求めて、現在も名古屋地裁で争っている。

全ト・ユニオンは、このような一つひとつの事例に、ていねいに対処している。

デンソー（トヨタ自動車から分離独立した自動車部品メーカー）からトヨタ自動車に出向して、うつ病になってしまった男性もいる。長時間労働と「お前は役にたたん。デンソーに帰れ」などのパワハラを受け、精神的に傷ついてしまったのだ。

やはり既存のデンソー労働組合に相談しても相手にさえしてもらえず、全ト・ユニオンに相談し加盟した。そして、トヨタ自動車とデンソーを訴えることになった。

二〇〇八（平成二十）年十月三十日、名古屋地裁で判決が下った。「負担を軽減しなければ、うつ病を発症・悪化し、休職するおそれを予見できたのに、両社は業務を軽減するなどの義務を怠り、さらにデンソーは出向延長に配慮するなどの義務を怠った」として、トヨタに休業損害や慰謝料など約一五〇万円を支払うように命じたのだ。

「この結果、デンソーでは、それまで二人しかいなかった精神疾患産業医を十人に増やした。それだけ、精神疾患に陥る人が増えているということ。この十年でずいぶん増えている。トヨタ自動車でもデンソーでも、三桁はいるのではないか」

この裁判を経て、会社にも変化があった。トヨタ自動車では定時が過ぎたという放送が流れるようになり、残業時間も抑えられるようになった。デンソーで短時間のリハビリ出勤を認めるなど、復職支援プログラムを導入した。

同様にトヨタ関連企業のジェイテクトでも、長時間労働とパワハラでうつ病になり休職していた田中さんという従業員が、「休職期間満了」として退職に追い込まれる事態が起こった。田中さんは、全ト・ユニオンを訪れ組合員となった。全ト・ユニオンは団体交渉を求めたが、ジェイテクトは拒否し、解雇を強行した。

全ト・ユニオンの支援を受けて、田中さんは名古屋地裁へ提訴した。復職可能という主治医の診断書を提出したにも関わらず、会社はあくまでも復職を認めなかった。退職を覆すまでは至らなかったが、二〇一二（平成二十四）年十月、会社が非を認める形で金銭和解が成立した。

組合のなかった光工業株式会社では、休職を命ぜられて全ト・ユニオンに加盟した従業員に、「復職しても組合員を続けるのか、一緒に働く者として、同じ釜の飯を食う気になれない」と、団体交渉の席上、会社側交渉員が組合脱退を迫るということが起こっている。これは明らかに不当労働行為だ。現在、愛知労働委員会に申し立てている。

「自動車産業は裾野が広いから、この下流部分が、どれだけ劣悪な条件で働かされているか、組合を作ってみて見えてきた。トヨタ自動車そのものも劣悪な労働条件だが、そんなもんじゃない。もっと惨めな状況で働いている人がいっぱいいる。そういう人々を受け入れて、団体交渉やったり、裁判やっている。そこで事実が公になる。私たちは小さな組合だが、その事実を機関紙に載せて、一万枚配布している。徐々に効果が現れて、最近はかなり労働相談が増えている。鹿児島から電話が来たことがあった。娘さんが、ある大手企業に入社したがうつ病にさせられて、郷里で静養してこいと帰省させられた。どっから見てもうつ病に見えないという、お母さんからの相談。ある労働基準監督署で、全ト・ユニオンに相談したらとアドバイスを受けたという。新潟からなども相談に来る。悩み苦しみ、困っている人はいっぱいいると思う」

それぞれの事例を見ると、有能な従業員を長時間労働やパワハラで病に陥らせ、退職にまで追い込んでいるケースが目立つ。これは会社にとっても損失ではないのか。労働環境を改善した方が、双方にメリットがある、と思える。

団体交渉の初めには必ず、「労働組合と会社の関係は、対立関係にはあるけれど敵対関係にはあらず」と若月氏は会社側に言う。

「あくまでも話し合いによって解決していくことに力を入れていきましょうと言うと、それは会社側も分かりましたと言う。だけど実際には、全ト・ユニオンに成果を出させないという姿勢は各社共通。それで、入口で会社側が判断を誤ってしまって、こじれてしまう。団体交渉で解決できなければ、労働委員会などの公的機関に訴えるか、裁判所に訴えるしかない。実際には私たちの闘いはそこに進んでいる。企業内にとどまらず、その枠を超えて労働組合運動をやっている」

国、地方に議員を送る、地域ぐるみ選挙

トヨタ労組の巨大なカバハウスに比べると、全ト・ユニオンの事務所は簡素なプレハブ建てだ。だが、こちらのほうが、よっぽど労働組合としての役割を果たしている、と思える。

いったいトヨタ労組というのは、何をしているのか？　労組といえば賃上げだが、一九六二（昭和三十七）年の労使宣言以来、団体交渉はない。労使協議会で話し合い

によって解決されている。

二〇一三（平成二十五）年はトヨタ労組自ら、賃金改善（ベースアップ）要求を四年連続で見送る方針を決めた。円安が進んでいるが、グローバル競争の激化でなお事業環境の先行きの不透明感が強いと判断した、とのことだ。

グローバルと言えば、ここ数年、フィリピン、オーストラリア、南アフリカ、インド、中国、ベネズエラなどで、トヨタはストライキに見舞われている。そうした諸国には、闘う労働組合が存在するのだ。そうした状況まで、闘わないトヨタ労組は、慮《おもんぱか》っているのか。

労使同体というのは今まで述べてきたとおりだが、あらゆる問題が、労使協議会をはじめとして、労使懇談会、支部懇談会、安全・衛生委員会、職場懇談会などで労使の話し合いで決められる。「話し合い」と言えば聞こえはいいが、要は会社幹部が組合執行部に方針を伝える場なのだ。

トヨタ労組は、何をやって来たのか。全ト・ユニオンの若月委員長に聞くと、「有給休暇の消化率のアップには力を入れてきた」と評価しながらも、「やはり、最も力を入れてきたのは、選挙」と言う。

「選挙のときは、各職場から会社の了解を得て、組合員が抜けていく。名刺まで作って、各従業員の自宅を訪問し、票固めをしていく」

そうして「ゆたか会」なるものが作られてきた。会の趣旨は「明るく楽しい地域社会づくり」で、トヨタと関連会社の従業員や家族が中心だが、一般地域住民も加入できる。

ゆたか会の総会に参加した体験を、『トヨタその実像』で青木慧氏が書いている。

会場である豊田勤労会館ホールで受付に行くと、会員であるかどうか確かめる手続きもなく、弁当、記念品、議案書が手渡される。参加している会員に聞いてみると、入会費も会費も払ったことはない、という。活動資金はどこから出ているのか、会計報告はなかった。参加者は、自分が会員なのかどうかも、曖昧なのだ。

まるで幽霊市民団体だ、と青木氏は記しているが、地域によっては参加していないと孤立することがあるという。

この幽霊市民団体。普段は、旅行、潮干狩り、ミカン狩り、ソフトボール大会、工場見学などで親睦を深めるが、しかるべき時には恐るべき力を発揮する。

ゆたか会の目的の一つが「地域問題への対応」である

が、それはいかなるものであったか。
衣浦《きぬうら》豊田産業道路が計画された時のことだ。トヨタの工場と衣浦港のトヨタ専用埠頭を結ぶ、トヨタのための産業道路だとして、批判する住民が約九〇〇人の建設反対請願署名を市議会に提出した。すると、ゆたか会は約一万五〇〇〇人もの建設促進請願署名を集めて提出したのだ。

地域をゆたかにする会ではなく、トヨタをゆたかにする会だ、と詰られるのも当然だ。

ゆたか会の目的の一つには「私たちの代表を行政の場へ」がある。それがいかなる力を発揮するのか、想像に難くない。挙母《ころも》市を豊田市に改名し企業城下町を作り上げたトヨタは、企業ぐるみ選挙を超えて、地域ぐるみ選挙を行うのだ。

その結果、おびただしい戦果を挙げている。トヨタ労組の出身としては、衆院に古本伸一郎議員、参院に直嶋正行議員を送り出している。直嶋議員のウェブサイトをたぐっていくと、ゆたか会での国政報告の様子が写っている。

トヨタをはじめ、アイシン精機やデンソー、ジェイテクトなどの関連企業の組合も含めた全トヨタ労働組合連合会から、愛知県議会に五人送り出している。同様に、県内の豊田市議会には七人、岡崎市議会に四人、刈谷市議会に五人、安城市議会に三人、田原市議会に二人、西尾市議会、幸田町議会、豊橋市議会、碧南市議会、高浜市議会、大府市議会に一人ずつ送り出している。県外では、静岡県の裾野市議会、北海道の苫小牧市議会に一人ずつ議員がいる（二〇一三年五月現在）。

トヨタ自動車本体の労働環境も劣悪だが、下請けの関連企業はさらに輪をかけて酷い。アイシン精機やジェイテクトなどは、しばしばブラック企業といわれる。足下の労働環境を改善できずに県議や市議になっていく労働組合役員とはいったい何なのだ、と改めて思ってしまう。

議員のほとんどは、民主党である。トヨタ、アイシン精機、デンソー、ジェイテクトとも既存の労働組合はユニオンショップ制である。社員になると同時に組合員となり、組合費は給与から天引きされるのが通例だ。それが特定政党の応援に使われるのはおかしくないだろうか。

全トヨタ労働組合連合会は一九九七（平成九）年、「全トヨタ政治に参加する会」を発足させた。二〇一一（平成二十三）年にトヨタ労組は、組合費を一人平均一万二四八五円還付するが、「全トヨタ政治に参加する会」会員には会費（七二〇円×口数）を相殺して還付する、ということを行った。それが毎年のように行われている。

相殺されても還付される額は大きいので、組合員にとっては、「全トヨタ政治に参加する会」に会費を納入したという意識はない。だが、ほとんどの組合員がこの会に入らされているのが実情だ。

会の基本的性格は、「組織内議員（国・県）や顧問議員の活動資金を、個人の寄付により拠出し、資金面で議員を支える組織」であり、「形としては労働組合とは別の組織（政治団体）」だが、「あくまでも全トヨタ労連の方針や大会決定に基づく運営組織」となっている。

一九九五（平成七）年以来の政治資金規正法の改正で、労組が政治家個人に寄附することは禁止された。その抜け道として作られたのが、この会なのだ。

二〇一二（平成二十四）年の政治資金収支報告書によれば、二〇一一年に「全トヨタ政治に参加する会」はトヨタ労組出身の古本伸一郎衆院議員、直嶋正行参院議員に、それぞれ三千万円の献金を行っている。

二人は公設秘書を、全トヨタ労連とトヨタ労組を兼職する役員から採用していたことでも問題になった。秘書給与の他に、両労組からの報酬も秘書たちは受け取っていたのだ。違法ではないが、労組としての報酬の原資は、一人ひとりが支払っている組合費である。道義的に問題があるのは明らかだ。

民主党の池口修次参院議員にも、「全トヨタ政治に参加する会」は献金を行っていたことがある。池口議員は、ホンダの本田技研労組の出身であり、自動車総連の仲間、というわけだ。

原発事故にも責任があるトヨタ労組議員

労組出身の議員たちは連携して、税制などで自動車業界に有利になるように働いている。

だが、それだけではない。

直嶋正行は経産相であった二〇一〇（平成二十二）年四月、日本共産党の吉井英勝議員から、「巨大地震時に多重防護の機器が壊れて動かない場合にどのような被害が及ぶかを調べるよう、各電力会社に指示すべきではないか」と質疑を受けた。「多重防護でしっかり事故を防いでいく、メルトダウンというようなことを起こさせない、このためのさまざまな仕組みを作っている」と直嶋は答えた。

実際に何の対策も講じなかったばかりか、トップセールスとして直嶋は、原発輸出に奔走していた。二〇一一年三月十一日に起こった東日本大震災によって、多重防護されているはずの福島第一原発で事故が起こり、メルトダウンに至った。危険性を指摘されながら、なんら対策を指示しなかった直嶋は、この事故に直接の責任があると言える。

事故後の六月、政府の国家戦略室の元に、「エネルギー・環境会議」が設置された。国家戦略室そのものが、東京電力の社外監査役である小宮山宏氏が政策参与を務めており、エネルギー問題への中立性が疑問視される存在だ。

国家戦略室の出した素案では、「エネルギー・環境会議」のメンバーに直嶋正行が加わっていた。これでは中立性が保てないとして、当時の菅首相は、直嶋をメンバーから外した。

古本伸一郎議員は、二〇一二（平成二十四）年衆院選に際して毎日新聞が実施したアンケートで、「新基準を満たした原発は再稼働すべきだ」と答えている。憲法改正に賛成、集団的自衛権の行使を禁じた政府の憲法解釈は、「見直すべきだ」、政府が沖縄県の尖閣諸島を国有化したことを「評価する」と回答している。ＴＰＰ参加には、賛成である。

「政権公約（マニフェスト）どおりに政策を実行しないことをどう思いますか」という質問には、「柔軟に対応すべきだ」と答えている。

消費税増税については、「法律どおりに引き上げるべきだ」と答えており、これが古本議員にとっての、〝マニフェストへの柔軟な対応〟なのだろう。

「政党への企業・団体献金を全面的に禁止すべきだと思いますか」には、「禁止する必要はない」と答えている。改めて説明する必要はないだろう。「全トヨタ政治に参加する会」からの献金が封じられれば、古本議員の政治活動は立ちゆかなくなる。

「全トヨタ政治に参加する会」が、「全トヨタ労連の方針や大会決定に基づく運営組織」であることは、先に述べたとおりだ。

全トヨタ労連が、民主党支持であることは明確だ。全トヨタ労連出身以外の民主党議員も応援している。「全トヨタ政策推進議員連絡会　国会議員連絡会」には、岡田克也議員をはじめ、十一人の民主党議員が名を連ねている。

そもそも労働組合は、労働者が団結して、労働環境を改善、向上させるためのものだ。どんな政治信条をもち、どの政党を支持するかは、個々の組合員の自由であるべきだ。

原発への姿勢、消費税増税やTPP参加の是非を巡って、民主党からは離党者が相次ぎ、新たな政党もできた。ここにいたって民主党支持に固執するのは、あまりにも不可思議だ。

特定の政党への応援を押しつけるのは、明らかに憲法第十九条で保障されている、思想の自由を侵している。全トヨタ労連傘下の組合があることで、それぞれの社内では会社の批判ができない状態になっている。これは、言論の自由を保障した、憲法第二十一条に反している。

憲法第四十一条には、「国会は、国権の最高機関であって、国の唯一の立法機関である」と記されている。

違憲状態から生み出された国会議員が、その上にあぐらをかいて、足下の違憲状態をただそうともしない。ここにトヨタ労組の病理が凝縮されている。

おわりに

労働貴族について書こうと思い立ったのは、東日本大震災に伴う福島第一原発事故の後に行われた、東京電力による「計画停電」がきっかけだった。この時に、「戦後の電源ストを思い出した」と語る老人たちに出会ったのだ。

電源ストとは、賃上げなどを要求して、電力会社の労働組合が、ストライキで電気を停めることだ。これには、自分たちがいなければ電気は停まる、と己の存在を示すことに意義がある。福島原発事故後の「計画停電」にも、同じような意図があったのではないかと感じたのだ。

電力会社の労働組合が、電発推進を謳う、会社べったりの御用組合であることは以前から知られている。御用組合とは「労使協調」の名のもとに、会社の従僕となった存在だというのは、おおむねそのとおりだろう。だが「計画停電」を見て、労働組合の手法を会社が行う場合も「労使協調」の中ではあるのだという驚きから、労働貴族を調べ始めた。

労使協調で会社に寄り添うようになってから、労働貴族は生まれた、と思われている。銀座のクラブで飲み、ゴルフをたしなむ、という体の労働貴族なら、確かにそのとおりだ。

だが戦後の資料を掘り起こしてみると、電源ストを行っている最中、それを指揮する委員長は、地方から来る酒、タバコなどの陣中見舞いに囲まれながら、女子職員に肩を揉ませていたという。そのありようは、労働貴族そのものではないか。

ストライキで、徹底的に会社と闘っていた労組にも労働貴族はいたのだ。これは、一つの発見であった。

労使協調を進め御用組合に仕立てていく時に、会社が労組に勧めたのは、選挙である。労組の幹部を、地方議会や国会議員に立候補させ、労組にその応援をさせたのだ。議員となると、会社のためになる議会活動を彼らは行ったが、それは会社にとっては余禄のようなものだろう。

会社は、労組幹部の胸に渦巻いている、権力欲を見抜いていたのだ。その欲望をストライキで体現されては、会社は不利益を被る。だがそれを選挙に振り向けてくれるなら、たとえそれが野党の応援になるとしても、会社が不利益を被ることはない。

本書の取材で、たくさんのすぐれた人々に出会うことができた。労働貴族とは無縁の、小さな労組を担う方々には、権力欲は微塵もない。一人ひとりの不当解雇や労働災害、労働環境の改善など、個別の細々なことに寄り添い、解決に向けて力を振り絞っている。これが、労働組合のあるべき姿だろう。

そんな労働運動が広がり、労働貴族たちを駆逐していくなら、私たちの前には明るい未来が広がることだろう。ささやかながら、本書がその一助となれば幸いである。

参考文献

要宏輝『正義の労働運動ふたたび』アットワークス
松沢弘『フジサンケイ帝国の内乱』社会評論社
戸塚秀夫・中西洋・兵藤釗・山本潔『日本における「新左翼」の労働運動』東京大学出版会
今崎暁巳『千代田丸事件』現代史出版会
宗形明『もう一つの未完の「国鉄改革」』月曜評論社
設楽清嗣・高井晃『いのちを守る労働運動』論創社
矢加部勝美『新「連合」と労組の改革』日本生産性本部
本澤二郎『連合の罪と罰』ぴいぷる社
大谷昭宏事務所関電争議取材班『関西電力の誤算』旬報社
斉藤貴男『「東京電力」研究　排除の系譜』講談社
青木慧『トヨタその実像』汐文社
渡邉正裕・林克明『トヨタの闇』ビジネス社
横田一・佐高信『トヨタの正体』金曜日
森口朗『日教組』新潮新書
根津公子『希望は生徒』影書房
高橋公『兵どもが夢の先』ウェイツ
戸塚章介『明日へのうた　語りつぐ日立争議』大月書店
北岡勝征『自治労再生への挑戦』ウェイツ
高杉良『労働貴族』講談社文庫

斉藤一郎『官憲の暴行』あかね図書販売
斉藤一郎『日本の労働貴族』あかね図書販売
山本忠利『ドキュメント東京電力――その栄光と影』労働旬報社
三宅勝久『日本を滅ぼす電力腐敗』新人物往来社
アーニー・ガンダーセン『福島第一原発――真相と展望』集英社新書
有馬哲夫『原発・正力・ＣＩＡ』新潮新書
『大阪中電戦後56年の足跡』ＮＴＴ労働組合西日本本社総支部・大阪総支部
『闘ってこそ自由、勝利して本当の自由――東京電力人権裁判闘争の総括――』東京電力人権裁判統一弁護団
『東電労組史』東京電力労働組合本部
機関紙『同志の礎』（縮刷版）東京電力労働組合本部
『関西電力労働組合三十年史』関西電力労働組合本部
『日立製作所労働組合五十年史』日立製作所労働組合
『日立労働運動史』日立製作所日立工場労働組合
『東芝労働組合30年運動史』東芝労働組合
『東京電力三十年史』東京電力株式会社

労働組合再編史

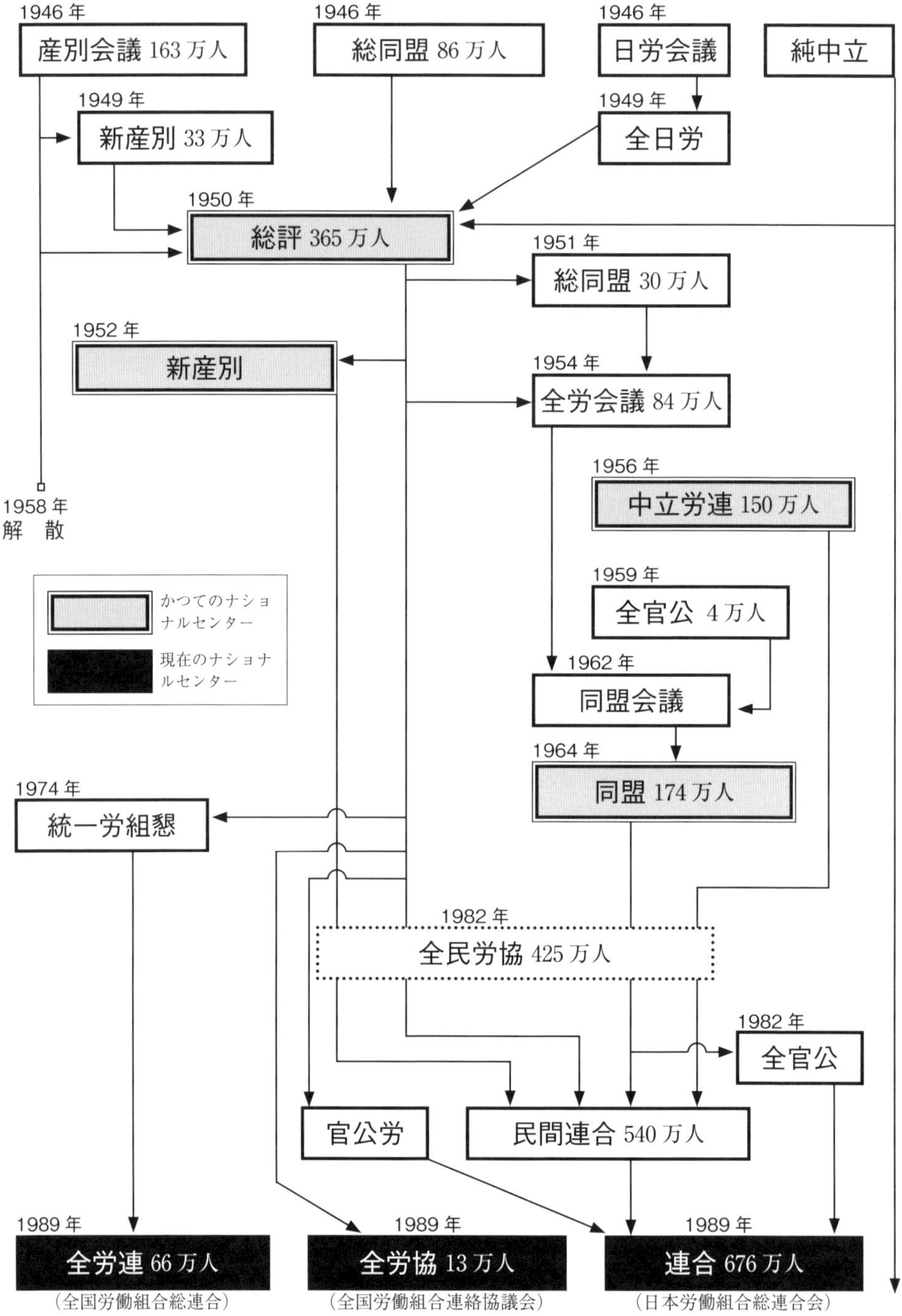
1946年
産別会議 163万人
1946年
総同盟 86万人
1946年
日労会議
純中立
1949年
新産別 33万人
1949年
全日労
1950年
総評 365万人
1951年
総同盟 30万人
1952年
新産別
1954年
全労会議 84万人
1958年
解　散
1956年
中立労連 150万人
かつてのナショナルセンター
現在のナショナルセンター
1959年
全官公　4万人
1962年
同盟会議
1964年
同盟 174万人
1974年
統一労組懇
1982年
全民労協 425万人
1982年
全官公
官公労
民間連合 540万人
1989年
全労連 66万人
（全国労働組合総連合）
1989年
全労協 13万人
（全国労働組合連絡協議会）
1989年
連合 676万人
（日本労働組合総連合会）

関連年表

年	本書関連	他
一九四五	2月、関東配電従業員組合設立。	8月、ポツダム宣言受諾。12月、労働組合法公布。
一九四六	1月、トヨタ自動車コロモ労働組合設立。4月、電産協結成。10月、電源スト。	5月、極東軍事裁判開始、食糧メーデー。
一九四七	10月、産別民主化同盟発足。	自治労、国労、日教組、全官公など結成。1月、2・1ゼネスト中止。
一九四八	東芝労連結成。	7月、GHQ、公務員のスト権を否認。
一九四九		7月、下山事件、三鷹事件、8月、松川事件。
一九五〇	8月、電産、共産党排除の方針実施。	6月、朝鮮戦争勃発。7月、総評結成、レッドパージ。
一九五一		2月、春闘始まる。
一九五二	9月から、電産の電源スト。	5月、メーデー事件。
一九五三	総評、資本主義変革路線を明確化。	8月、スト規正法成立。
一九五四	5月、東京電産結成。	電電公社設立。4月、全労会議結成。
一九五五	1月、東電労組政治連盟結成。	2月、現在の春闘方式スタート。7月、総評の太田・岩井体制確立。
一九五六	2月、日立総連合結成。3月、千代田丸事件。	9月、中立労連発足。
一九五七	9月、全電通、3名の組合権剥奪。	5月、国労処分反対闘争。
一九五八	12月、共産党を除名された学生を中心にブント結成。	6月、日教組、勤評闘争方針。11月警職法改悪反対闘争。
一九五九		12月、三池争議始まる。
一九六〇	東電労組政治連盟、民社党支持。産経労組スト権放棄。	60年安保反対闘争。

一九六一	核禁会議発足。秋、大阪中電内に労研設立。	4月、総評、同盟、新産別、中立労連が週休2日40時間労働促進労組懇結成。
一九六二	トヨタ労使宣言。	4月、同盟会議結成。
一九六三		8月、原水禁世界大会分裂。
一九六四	東芝、ユニオンショップ制導入。	4月、総評、半日スト中止。11月、同盟発足。
一九六五		4月、ＩＬＯ87号条約批准。8月、反戦青年委員会結成。
一九六六	電労連、原発促進表明。10月、総評、ベトナム反戦統一ストライキ。	4月、戦後最大の交通スト。
一九六七		7月、鉄鋼労連、共産党をのぞく革新政党との協力を決定。
一九六八	1月、佐世保エンプラ闘争。	2月、成田空港阻止集会。
一九六九	4月、全電通、統一ストに参加。5月、電電公社、懲戒処分発令。10月、大阪中電マッセンスト。	3月、炭労大規模24時間スト。10月、国際反戦デー。
一九七〇	日立労組へ改組。	70年安保反対闘争。
一九七一		5月、私鉄総連スト、官公労スト。
一九七二		4月、国労、動労、私鉄総連スト。
一九七三	ユニトピアささやま建設。日立武蔵工場にガラスの檻。	2月、公労協、初の半日拠点スト。
一九七四	東芝扇会結成。	3月、全繊同盟13年ぶりにスト。11月、秋闘統一スト。
一九七五		11月、国鉄史上最長の8日間スト。
一九七六	東芝労働組合スタート。9月、三労連原子力研究会設立。	交通スト続く。
一九七七	電産中国、豊北原発反対運動。	9月、鉄鋼労連、賃上げ自粛声明。

年	本書関連	他
一九七八	3月、原子力関係労組懇談会設立。	8月、一般消費税反対のための中央連絡会結成。
一九七九		3月、全国労働組合総連合結成。
一九八〇	9月、労働戦線統一推進会発足。	4月、ストなし春闘。7月、総評大会に共産党を招かず。
一九八一	関電労組有志、原発反対のビラまき。3月、電力総連結成。	4月、公労協、17年ぶりにスト中止。
一九八二		4月、私鉄総連スト中止。12月全日本民間労働組合協議会発足。
一九八三		労組の組織率が30%を切る。
一九八四	全電通、電電公社の民営化に支持表明。	5月、総評メーデーの基本スローガンを19年ぶりに変更。
一九八五		4月、電電公社民営化。9月、鉄鋼労連意識調査、自民党支持が最高。11月、動労千葉、国鉄民営化に反対し焼討ち行動。
一九八六		10月、国労分裂。12月、国鉄民営化。
一九八七	東芝旭川事件。	10月、総評、顧問の太田、岩井など解任。
一九八八		7月、総評解散の方針を承認。
一九八九		11~12月、連合、全労連、全労協結成。
一九九〇		4月、国鉄清算事業団、国労を辞職しない職員に解雇通知。
一九九一	4月、関電労組有志美浜原発反対の社長申入れ。7月、関電労組、原発推進表明。	12月、ソ連崩壊。
一九九二	7月、トヨタ労組、カバハウス建設。	3月、11年ぶりに首都圏などで交通スト。
一九九三	原子燃料政策研究会設立。5月、連合、自衛隊容認。	12月、東京管理職ユニオン結成。
一九九四	1月、反リストラ産経労結成。9月、産経、松沢弘を懲戒解雇。	5月、春闘賃上げ史上最低。

関連年表

一九九五		阪神淡路大震災復興のためスト交渉なし。
一九九六		連合メーデーに首相が初めて出席。
一九九七		6月、労働基準法改正公布。
一九九八		4月、民主党結党、連合支持表明。
一九九九	8月、国旗国歌法施行。	9月、アメリカ同時多発テロ。
二〇〇〇		労働争議件数が激減する。
二〇〇一	5月、小倉あやまれデモ。10月、自治労、不正経理など発覚。	4月、小泉内閣（自民党）成立。
二〇〇二	5月、東京地裁、松沢の懲戒解雇無効の判決。	
二〇〇三	2月、東京高裁、松沢逆転敗訴。	
二〇〇四	UIゼンセン同盟副会長が日本歯科医師会から接待を受けたことが発覚。	10月、日本炭鉱労働組合解散。
二〇〇五	11月、中曽根康弘、国労破壊のため国鉄民営化を進めたと発言。	労組組織率20%を切る。
二〇〇六	1月、全ト・ユニオン結成。7月、民主党エネルギー戦略委員会、原発推進を打ち出す。11月、国労組合員らが、大阪府労働委に救済申し立て。12月、反リストラ産経労の申し立て棄却判決。南直哉、フジテレビ監査役就任。	
二〇〇七	11月、名古屋地裁、トヨタ社員に過労死認定。	10月、郵政民営化。
二〇〇八	10月、名古屋地裁、トヨタ・デンソーに対し、うつ病になった男性への慰謝料などを認める判決。	12月、自治労、社保庁内のヤミ専従問題で謝罪。
二〇〇九	1月、要宏輝、連合大阪に慰謝料を求める訴訟。5月、重光由美、労災不支給取消訴訟に勝利。	9月、鳩山内閣（民主党）成立。
二〇一〇	3月、地球温暖化対策基本法案に原発推進を盛り込む。	

年	本書関連	他
二〇一一	2月、福山市内の自治労ヤミ専従問題で、市側敗訴。7月、福山市に地下送迎場がオープン。	3月、東日本大震災、福島原発事故。
二〇一二	4月、民主党エネルギーPT、原発再稼働を求める提言。7月、大飯原発再稼働。12月、松沢弘に多田謡子反権力人権賞。	10月、労働者派遣法改正。12月、第2次安倍内閣（自民党）成立。

〔著者紹介〕
深笛義也（ふかぶえ・よしなり）
1959年東京生まれ。横浜市内で育つ。18歳から29歳まで革命運動に明け暮れ、30代でライターになる。自身の生き様を綴った『エロか？ 革命か？ それが問題だ！』（鹿砦社）の他、書籍では『女性死刑囚』（鹿砦社）『タブーなき原発事故調書』（鹿砦社、監修）『日本風俗業大全』（データハウス。監修）、『お江戸でござる』（新潮文庫）構成など。『週刊新潮』に「黒い報告書」を30本以上執筆。『週刊新潮』には自身の成田闘争体験を書いた他、新宿騒乱から40年、遊郭の灯が消えた日、インスタントラーメン発祥、秋葉原電気街戦国史、宝くじ事件簿、原発事故後の福島の子供たちなど、ノンフィクションも多数執筆。『新潮45』にも、日本第一号のゲイバーについて書いている。鹿砦社の『紙の爆弾』には、原発の奴隷労働の歴史、武装革命を目指した著名人など多数執筆している。

労働貴族

2013年6月25日初版第1刷発行

著　者──深笛義也
発行者──松岡利康
発行所──株式会社鹿砦社（ろくさいしゃ）
●東京編集室
東京都千代田区三崎町3−3−3　太陽ビル701号　〒101-0061
Tel. 03-3238-7530　Fax.03-6231-5566
●関西編集室
兵庫県西宮市甲子園八番町2−1　ヨシダビル301号　〒663-8178
Tel. 0798-49-5302　Fax.0798-49-5309
URL　http://www.rokusaisha.com/
E-mail　営業部○ sales@rokusaisha.com
編集部○ editorial@rokusaisha.com

印刷所──吉原印刷株式会社
製本所──株式会社越後堂製本
装　丁──鹿砦社デザイン室

Printed in Japan　ISBN978-4-8463-0958-9　C0030
落丁、乱丁はお取り替えいたします。お手数ですが、弊社までご連絡ください。